歴史文化ライブラリー
318

四国遍路

さまざまな祈りの世界

星野英紀
浅川泰宏

吉川弘文館

目　次

四国遍路の接待文化

さまざまな巡礼のかたちと四国遍路――プロローグ

1　さまざまな巡礼のかたちと四国遍路

比較巡礼論と四国遍路

四国遍路は、四国四県に散在している八十八ヵ寺の寺院を巡る全長一二〇〇キロ以上にのぼる、長大な巡礼である。八十八の寺は等距離に位置しているのではない。隣り合っているところもあれば、札所《ふだしょ》（巡る寺のことを指す）間が何十キロも離れているところもある。

八十八の寺院には弘法大師空海《こうぼうだいしくうかい》（七七四―八三五）をまつるお堂（大師堂）がある。四国遍路は弘法大師の遺跡を巡る巡礼であるが、大師堂だけを回ればよいようなものであるが、遍路たちは大師堂をはじめ本堂他の諸堂塔、境内にまつられた各種の石仏などをまんべんなくお参りしていく。

四国遍路が日本を代表する巡礼であることは言をまたない。四国遍路は後に述べるように、独特の思想や考え方が散見される。そしてそれが今も行われているのである。ひるがえってみれば、しかし、世界にはまた実に多種多様な巡礼があることも確かである。そうした他の巡礼と比較すると、四国遍路の独自性も一層際立ってくるのではないか。もちろんそこには共通のものもある。

さて、世界の巡礼のなかには、ニュースなどを通じて、その様子が私たちのお茶の間にまで映像で送られてくる巡礼もある。イスラームのメッカ巡礼がその代表である。イスラーム暦の巡礼月に行われるメッカ大巡礼は三日間ほどの行事に二〇〇万人を参集させるという途方もない大行事である。あるいはインドのベナレス巡礼、キリスト教のエルサレム巡礼、インドのブッダゆかりの地を尋ねる仏跡参詣など有名なものがたくさんある。それぞれとても興味深い巡礼なのであるが、一つ一つを紹介していくといくら頁数があっても足りない。そのため、巡礼をタイプに分けて、それを通じて多様な巡礼を紹介したい。

集団型と個人型

聖地を訪れてみると、まず目につくことは団体で訪問してきた人びとである。リーダーの指導のもとに団体を組んで聖地巡礼する場合はきわめて多い。また聖地における説明役としてもリーダーやガイドの必要性は高い。国際的な巡礼の場合は通訳も必要となる。このように、巡礼には集団型がごく普通のタイプである。メッカ巡礼などが典型である。

他方、個人で聖地へ参るタイプも当然ある。日本のケースでいえば、奈良、京都などでよく見かけるのが個人型巡礼である。京都古寺巡りは観光ではないか、という立場もあるかもしれない。実は観光と巡礼は、違いがないということではないが、大変似通ったもの同士であるし、外面的にはしばしば区別がつかないことが多い。個人型が可能であるためには、巡礼者が①それまで何度もその聖地を訪問した経験があること、あるいは②巡礼者が事前に情報を入手できる状態にあること、などがその条件となる。

閉鎖型と開放型

メッカ巡礼を行うことができるのはイスラーム教徒のみである。イスラームでは、メッカ巡礼が、礼拝、喜捨《きしゃ》、断食、信仰告白とともに信者の五大義務となっている。メッカ巡礼は、ムハンマドゆかりの宗教儀礼でもあるから、信者にはないがしろにはできない厳粛な儀礼である。とくに巡礼月に行われる大祭は、モスレムにとって信仰上の仲間と相まみえる感激的な機会である。その連帯の感激を書き残し語り伝える記述は多い。しかし、その連帯性への感激が強固であればあるほど部外者に対しては排他的である。メッカへの非信者訪問は堅く禁じられている。つまり、閉鎖型とは巡礼者の資格を厳しく限定している巡礼のことを指す。新宗教の本部参詣や聖地参詣なども巡礼のカテゴリーに入る行動であるが、このタイプといってよいだろう。巡礼の目的がはっきりしているのである。観光的要素は少ない。

図1　東大寺大仏殿

　これに対して、伝統宗教の聖地は多くの場合、聖地を訪れる人びとの資格を問うことが少ない。たとえば奈良の東大寺は東大寺の信者でなければ巡礼できないことはない。東大寺は華厳《けごん》宗の大本山だが、そのことが東大寺参詣者の動機、目的、資格を限定することはない。極端なことをいえばたとえ東大寺が嫌いでも参詣することは可能である。参詣者の動機、目的も多様である。もちろん厳格な意味での信仰を動機とする者もいるであろう。しかし遊び、観光、あるいは他人に連れられてという消極的なものがある。これら多様な人びとが東大寺には巡礼者として参詣してくる。遊びと参詣の区別がついていない人びとが大勢いる。

複数聖地型と単一聖地型

　複数の聖地を次々と経《へ》巡るタイプと基本的には一つの聖地を目的とするタイプがある。

　日本人には複数聖地型がポピュラーである。それは、日本人にもっとも身近な巡礼である四国八十八ヵ所遍路と西国《さいごく》三十三所観音巡礼がこのタイプで、複数聖地巡礼の円周型である。伊勢参りなどは遠隔参詣であっても巡礼ではないと考える日本人も多い。伊勢参りは伊勢参宮という。

ところがキリスト教やイスラームなどでは、主な参詣対象となる聖地が一つである巡礼が顕著である。これを単一型という。中世ヨーロッパではキリスト教巡礼が盛んであったが、当時の三大巡礼地はエルサレム、ローマ、そしてスペイン・ガリシア地方のサンチャゴ・デ・コンポステラの三ヵ所であり、いずれも単一型である。またイスラームのメッカ巡礼も同様である。

複数聖地型、円周型巡礼がアジアの特徴であり、直線型はキリスト教的、イスラーム的世界の特徴であるともいわれる。それは、とりわけ、両宗教文化圏の世界観、神観の違いに淵源を有するとしたのが山折哲雄《やまおりてつお》である（山折　一九八四）。インドのベナレスには、ガンジス河岸の有名な沐浴場を中心に、ベナレスの町を半円状に右回りに回る七つの同心円状の巡礼路があり、いまも盛んに行われている。山折は、アジアの円周型はその多神教的世界を反映しており、それに対して一神教であるキリスト教、イスラームでは単一聖地型の直線タイプが多いと説明する。

ただし、巡礼している本人にとっては、日々歩いているなかで、円周を描きつつあるとか直線を歩いているとかいう意識があるわけではない。本人は目的地とか本日の宿泊地に向かってひたすら歩いているという感覚しかない。

直線型と分類される巡礼や遠隔参詣の場合、主たる巡礼目標が一つで、それに向かって進んでいくことはいうまでもないが、しかし、そのルート上ないしその周辺にある数々の聖地、聖所にも、彼らは立ち寄り礼拝していくのが普通である。主たる巡礼地は一つであるが、副次的聖地への巡拝も同時に行われる。主目的とする巡礼聖地へ「まっしぐら」ということは決してないのである。巡礼はビジネスツアーとは違う。いまも多くの巡礼者を迎えるヨーロッパのサンチャゴ・デ・コンポステラ巡礼は国際級の巡礼地であるが、コンポステラ大聖堂へ至る一〇〇〇キロ近い巡礼の道には中小の霊場が沢山あり、それらに寄りながらのサンチャゴ巡礼である。

こうした実態に触れていくと、複数聖地型と単数聖地型、円周型と直線型という二項対立形式のタイポロジー（類型論）は成立するが、現実の姿はその中間形、折衷形、混合形であることがわかってくる。

激奮型と静寂型

日本各地の著名なお祭、たとえば京都祇園《ぎおん》祭には遠方からたくさんの観光客が来る。その人たちも祭りにお参りする巡礼者と考えることができる。実際、世界の巡礼には、日本でいう祭りに集まる人びとを巡礼者といっている場合が多い。祭り独特の興奮や喧噪《けんそう》、盛り上がりがある。これを私は激奮型巡礼と呼んでいる。江戸時代の伊勢おかげまいりもこの型であった。おかげまいりとは、江戸期に約六〇年周期で行われた伊勢神宮への集団参拝である。半年ぐらいにわたって数百万人が参ったという記録もある。ある地域に伊勢のお札が空から降ってきて、それをきっかけに人びとが伊勢へ自然発生的な集団を組んで参るというものである。それが近隣から近隣へと波状的に次々に広がっていったのである。

一方、四国遍路は日本の春の風物詩である。遍路は俳句でも春の季語である。三月に入ると、毎年のように、四国の春の訪れとお遍路さんの巡礼姿が映像となってメディアに流される。〈菜の花畑とお遍路〉が定番である。そこを支配する雰囲気というか価値観は、静けさ、ほのぼのとした温かさ、春の訪れへの期待など、控えめな微笑のような世界である。このタイプを私は静寂型巡礼と呼んでいる。おそらく日本人が巡礼に対して抱くこのような感覚は、西国巡礼に対しても当てはまるであろう。巡礼は日本人にとって祭りとはまったく別物である。ただし静寂型の巡礼は外国の文化にもある。現代のインド仏跡参詣、あるいは祭り期以外の時期での教会やモスクへの巡礼なども静寂型である。

このほかにも巡礼の類型化はある。私の類型化と共通するものもあるが、新しい類型もある。人類学者青木《あおき》保《たもつ》の達人型と一般型の類型がそれであるし、人類学者黒田悦子による、①村落的レベルの巡礼、②地域レベルの巡礼、③国家レベルの巡礼、④国際レベルの巡礼もある。これは巡礼の空間的規模を基準としている。

日本の巡礼学者もさまざまな分類を行っている。真野俊和《しんのとしかず》は次のように分けている。①本尊巡礼、②祖師巡礼、③名跡巡礼の三つである。それ以外にも巡礼型、参詣型、巡拝型など、まだまだ巡礼類型論はあるが、その詳しい紹介は別の機会にしたい。

四国遍路と構造的特質

さて、では四国遍路の特徴をこの各類型に当てはめる形で考えてみよう。

四国遍路の基本的特徴は、集団型というよりも個人型、閉鎖型ではなく著しく開放型、単一聖地型ではなく複数聖地型、激奮型ではなく静寂型である。また少なくとも江戸期以降は、特定の宗教者が主流である達人型ではなく一般型であるし、同じく近世以降は国家レベル型であり最近は国際レベル型要素も入りつつある。また弘法大師をまつる八十八ヵ寺の大師堂（弘法大師空海をまつるお堂、本堂とは別にある）を巡る巡礼であるから祖師巡礼である。

以上をまとめて四国遍路をその特質を言い換えれば次のようになる。四国遍路はメインとなる一つの聖地、聖堂参詣をめざす巡礼ではなく、八十八のお堂お寺を巡る巡礼である。他の巡礼よりも個人の巡礼者の姿が目立ち、仏教の信者であると否とに限らず誰でもが、どのような信仰を持っていようと遍路となることができる。そして、四国遍路全体を覆う雰囲気は賑やかな祭り性ではなく落ち着いた静けさが顕著である。お参りする対象は弘法大師空海であって、一二〇〇キロの遍路道を歩くと空海にまつわるさまざまな物語に遭遇することになる。

図2　修了証書

巡礼は、聖地と居住地との間の往復行動である。出発があって、聖地訪問があり、そして帰還という終わりを迎える。現代の四国遍路には出発と帰還が二度ある。自宅も出発だが、第二の出発は第一番札所である。すべてを終えた自宅帰還も帰着だが、八十八番目の札所を最後に四国遍路を終えることも遍路の精神状態としては大きなけじめである。しかし実際巡り終えて最後の八十八番札所へ行っても格別の仕掛けはない。いままで巡ってきた札所と同じようなたたずまいである。終わりに際して特別な儀式があるわけではない。遍路が望めば修了書風のものもあるが、それも特別な仕掛けのなかで授与されるのではない。苦労して数十日歩いて終わった遍路にとっては、あまりの〝クールな〟対応に納得いかない者もいる。スペインのコンポステラでは大聖堂で、巡り終えた巡礼たちを迎えて大香炉を使った「ボタフメイロ」という大仰なミサが行われる。

四国遍路はなぜこのように〝クール〟なのか。あとで詳しく述べるが、実は、遍路は一番から始めて八十八番で終わらなければいけないという決まりはないのである。遍路者の都合のよいように自宅近くから巡り始めても遍路は遍路である。一度に巡り終わらなくてもよいのである。何年かかろうと遍路の都合次第である。順番を逆に回ってもよいのである。その方がお大師さんにあう可能性が高いという話もある。札所間の〝宗教的権威の格差〟はない。札所間に階層はなく、どの札所も平等である。だから個々の札所の自立性は高い。札所が属する仏教宗派もいろいろである。このように四国遍路はまとまりが悪いともいえる。しかし、まとまることで宗教はしばしば〝内向き〟になり閉鎖的になるが、それに対して、四国遍路は〝外向き〟であり開放的である。四国遍路は非階層型であり反中央集権型である。こうした特徴は単なる宗教的意義以上の現代的意義を持ちうるのではないか。

無構造という構造

ナショナリズムの世界的権威である政治学者ベネディクト・アンダーソンは、国民国家が形成される際に役人が国内の各地を〝巡礼〟

のごとく転地勤務する。それが国家意識を生み出す大きな役割を果たしたと指摘した。確かに、あちこちを歩き回る巡礼が見聞を広め、遠方の人びと、遠方から来た人びとと連帯感を強める機能を持つ（アンダーソン　二〇〇七）。

また四国遍路の〝無構造的構造〟は、社会科学者からも遍路型組織と名づけられ、近未来的組織体の望ましいあり方とされているほどである。四国遍路のような開放的、並列的なフラット組織形態は、頂点から裾野へとタテに構造化された組織体とは異なり、EU（欧州連合）などに見られるような、グローバル化時代における近未来型の相互対等の連携的組織として大変有効であるということで好ましいものと見られる（白石さや　二〇〇八）。

さまざまな不透明性と不安定さが充ち満ちている現代で、一見古色蒼然とした四国遍路が賑わい続けるのには、いくつもの要因がかさなりあっているはずではあるが、フラットであり非権威主義的な四国遍路の構造的特徴が現代人を惹きつける理由の一つではないか、と思っている。いわば「バラバラでいっしょ」（中島岳志　二〇〇八）という緩やかな統合体である。

この緩やかな統合体である四国遍路が文字通りバラバラに解体しないのは、その根底に弘法大師信仰があるからであり、その弘法大師信仰もまた宗派的バリアーを越えた〝自由な〟内容を持つものである。もっとも中島岳志によればこの「バラバラでいっしょ」は仏教の真髄であるのだから、その意味では四国遍路は仏教そのものということになる。

四国遍路の思想

四国遍路の歴史と現在

四国遍路の始まり

四国遍路の起源については諸説ある。そのうちのいくつかを紹介してみよう。

一、弘仁六年（八一五）、空海《くうかい》四十二歳の時に空海自身が現霊場の一つ一つを修行しつつ歩きながら開創した。
二、空海入定《にゅうじょう》後、高弟真済《しんぜい》がその遺跡を遍歴した。
三、愛媛松山の豪族衛門三郎《えもんさぶろう》が自らの非を悟って遍路を行ったのに始まる。
四、嵯峨《さが》天皇の子で空海の弟子になった真如《しんにょ》親王が始めた。

これら以外にも俗説風の起源譚《たん》があるがそれはおいておこう。右の四つの説からもっとも尊ばれているのは、当然のことながら、一の弘法大師《こうぼうだいし》空海開創説である。しかし、史実からいって受け入れにくい。この説以外はさらに史的信憑性《しんぴょうせい》は低い。つまるところ四国遍路の始まりは史実としては不明といってよかろう。

聖地としての四国遍路の一部が文献的に現れてくるのは平安時代初期である。まず空海二十四歳の時の書『三教指帰《さんごうしいき》』である。八世紀末である。ついで史料に四国遍路が触れられてくるのが、ともに平安末期の文献である『今昔物語《こんじゃくものがたり》』、『梁塵秘抄《りょうじんひしょう》』である。

以上三つのデータが語るところは、実は四国遍路そのものでない。今の札所のうちのいくつかの寺が言及されており、そこは聖《ひじり》と呼ばれる当時の仏道修行者の修行道場だったようだということである。だから、八十八ヵ所霊場めぐりが平安時代に成立していたとはとても断定できない。つまり四国遍路の札所は平安期の聖などの修行者の聖地だったと推測することができるだけである。現在のような八十八の寺をめぐる四国遍路が成立したのは、ずっと下って室町末期あるいは江戸時代初めではないか、と歴史家から推測されている。

八十八という数が何に由来しているのかについても諸説あるが、いずれも牽強付会《けんきょうふかい》の感が強く客観的説得力に欠ける。紀州熊野詣《くまののもうで》の道で京都から熊野までの参道にあった九十九王子《くじゅうくおうじ》を模倣して、八十八という数を当てたのではないか、という推測する説もある。大胆ではあるが、興味深い考えである。四国遍路と熊野信仰のつながりは他にもあるからである。〈遍路〉も江戸時代までは辺（邊）路の字をあてていたが、熊野の参道が仲辺路《なかへじ》、

図3　遍路　四国八十八ヵ所札所（『日本民俗大辞典』下、吉川弘文館、2000年より転載）

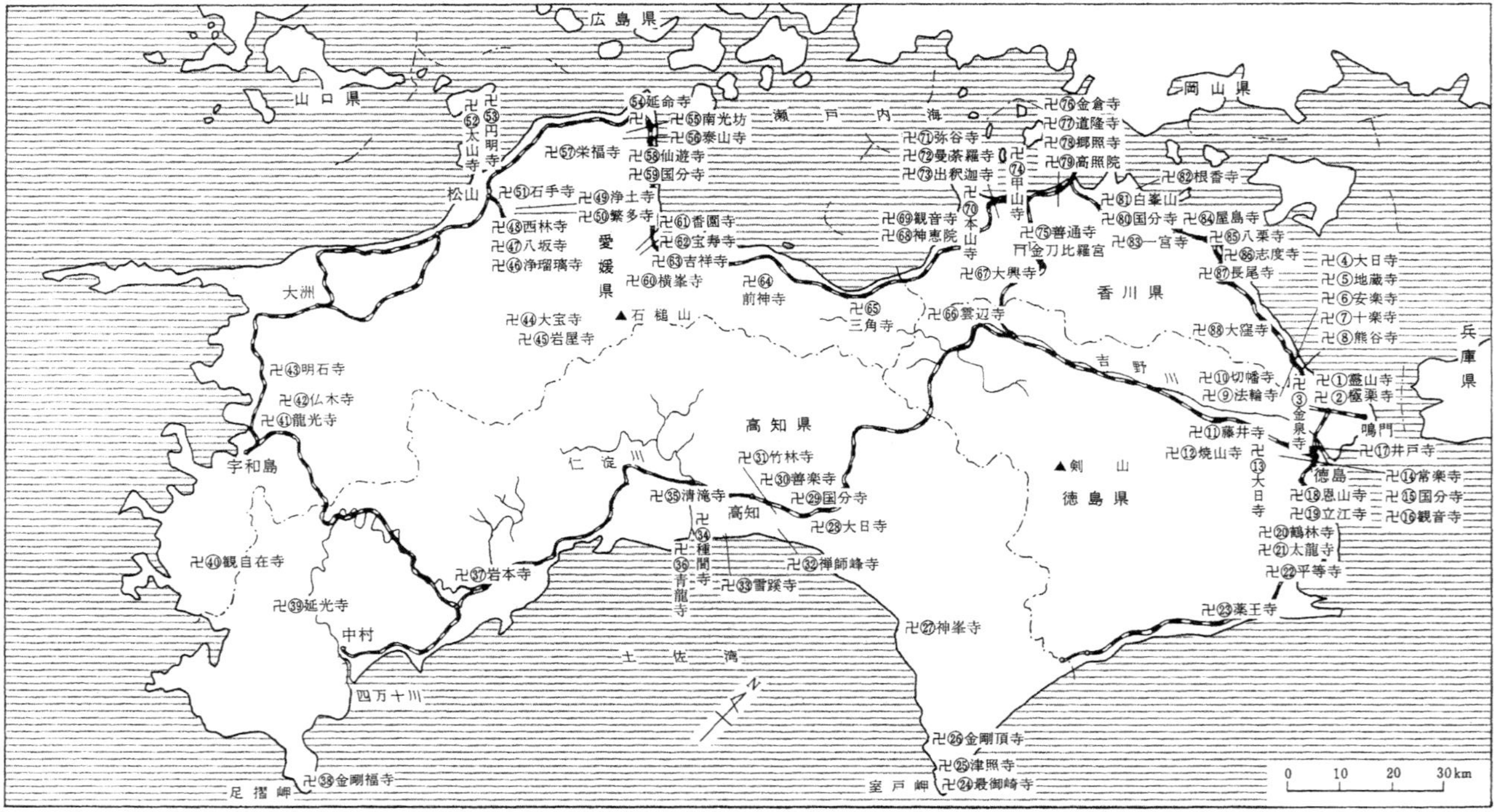

札順	山号	寺名	宗派	所在地
				〔徳島県〕
1	竺和山	霊山寺	真言宗	鳴門市大麻町板東
2	日照山	極楽寺	真言宗	鳴門市大麻町檜
3	亀光山	金泉寺	真言宗	板野郡板野町大寺
4	黒厳山	大日寺	真言宗	板野郡板野町黒谷
5	無尽山	地蔵寺	真言宗	板野郡板野町羅漢
6	温泉山	安楽寺	真言宗	板野郡上板町引野
7	光明山	十楽寺	真言宗	板野郡土成町高尾
8	普明山	熊谷寺	真言宗	板野郡土成町西原
9	正覚山	法輪寺	真言宗	板野郡土成町田中
10	得度山	切幡寺	真言宗	阿波郡市場町切幡
11	金剛山	藤井寺	臨済宗	麻植郡鴨島町飯尾
12	摩盧山	焼山寺	真言宗	名西郡神山町下分
13	大栗山	大日寺	真言宗	徳島市一宮町
14	盛寿山	常楽寺	真言宗	徳島市国府町延命
15	法養山	国分寺	曹洞宗	徳島市国府町矢野
16	光耀山	観音寺	真言宗	徳島市国府町観音寺
17	瑠璃山	井戸寺	真言宗	徳島市国府町井戸
18	母養山	恩山寺	真言宗	小松島市田野町
19	橋池山	立江寺	真言宗	小松島市立江町若松
20	霊鷲山	鶴林寺	真言宗	勝浦郡勝浦町生名
21	舎心山	太龍寺	真言宗	阿南市加茂町竜山
22	白水山	平等寺	真言宗	阿南市新野町秋山
23	医王山	薬王寺	真言宗	海部郡日和佐町奥河内
				〔高知県〕
24	室戸山	最御崎寺	真言宗	室戸市室戸岬町
25	宝珠山	津照寺	真言宗	室戸市室津
26	竜頭山	金剛頂寺	真言宗	室戸市元
27	竹林山	神峯寺	真言宗	安芸郡安田町唐浜
28	法界山	大日寺	真言宗	香美郡野市町母代寺
29	摩尼山	国分寺	真言宗	南国市国分
30	百々山	善楽寺	真言宗	高知市一宮
31	五台山	竹林寺	真言宗	高知市五台山
32	八葉山	禅師峰寺	真言宗	南国市十市
33	高福山	雪蹊寺	臨済宗	高知市長浜
34	本尾山	種間寺	真言宗	吾川郡春野町秋山
35	医王山	清滝寺	真言宗	土佐市高岡町清滝
36	独鈷山	青龍寺	真言宗	土佐市宇佐町竜
37	藤井山	岩本寺	真言宗	高岡郡窪川町茂串
38	蹉跎山	金剛福寺	真言宗	土佐清水市足摺岬
39	赤亀山	延光寺	真言宗	宿毛市平田町寺山
				〔愛媛県〕
40	平城山	観自在寺	真言宗	南宇和郡御荘町平城
41	稲荷山	龍光寺	真言宗	北宇和郡三間町戸雁
42	一𥫩山	仏木寺	真言宗	北宇和郡三間町則
43	源光山	明石寺	天台宗	東宇和郡宇和町明石
44	菅生山	大宝寺	真言宗	上浮穴郡久万町菅生
45	海岸山	岩屋寺	真言宗	上浮穴郡美川村七鳥
46	医王山	浄瑠璃寺	真言宗	松山市浄瑠璃町
47	熊野山	八坂寺	真言宗	松山市浄瑠璃町八坂
48	清滝山	西林寺	真言宗	松山市高井町
49	西林山	浄土寺	真言宗	松山市鷹子町
50	東山	繁多寺	真言宗	松山市畑寺町
51	熊野山	石手寺	真言宗	松山市石手
52	滝雲山	太山寺	真言宗	松山市太山寺町
53	須賀山	円明寺	真言宗	松山市和気町
54	近見山	延命寺	真言宗	今治市阿方
55	別宮山	南光坊	真言宗	今治市別宮
56	金輪山	泰山寺	真言宗	今治市小泉
57	府頭山	栄福寺	真言宗	越智郡玉川町八幡
58	作礼山	仙遊寺	真言宗	越智郡玉川町別所
59	金光山	国分寺	真言律宗	今治市国分
60	石鎚山	横峰寺	真言宗	周桑郡小松町石鎚
61	梅檀山	香園寺	真言宗	周桑郡小松町南川
62	天養山	宝寿寺	真言宗	周桑郡小松町新屋敷
63	密教山	吉祥寺	真言宗	西条市氷見
64	石鉄山	前神寺	真言宗	西条市洲之内
65	由霊山	三角寺	真言宗	川之江市金田町
				〔徳島県〕
66	巨鼇山	雲辺寺	真言宗	三好郡池田町白地
				〔香川県〕
67	小松尾山	大興寺	真言宗	三豊郡山本町辻
68	琴弾山	神恵院	真言宗	観音寺市八幡町
69	七宝山	観音寺	真言宗	観音寺市八幡町
70	七宝山	本山寺	真言宗	三豊郡豊中町本山
71	剣五山	弥谷寺	真言宗	三豊郡三野町大見
72	我拝師山	曼荼羅寺	真言宗	善通寺市吉原町
73	我拝師山	出釈迦寺	真言宗	善通寺市吉原町
74	医王山	甲山寺	真言宗	善通寺市弘田町
75	五岳山	善通寺	真言宗	善通寺市善通寺町
76	鶏足山	金倉寺	天台宗	善通寺市金蔵寺町
77	桑多山	道隆寺	真言宗	仲多度郡多度津町北鴨
78	仏光山	郷照寺	時宗	綾歌郡宇多津町
79	金華山	高照院	真言宗	坂出市西庄町
80	白牛山	国分寺	真言宗	綾歌郡国分寺町国分
81	綾松山	白峯寺	真言宗	坂出市青海町
82	青峰山	根香寺	(単立)	高松市中山町
83	神毫山	一宮寺	真言宗	高松市一宮町
84	南面山	屋島寺	真言宗	高松市屋島東町
85	五剣山	八栗寺	真言宗	木田郡牟礼町牟礼
86	補陀落山	志度寺	真言宗	大川郡志度町志度
87	補陀落山	長尾寺	天台宗	大川郡長尾町西
88	医王山	大窪寺	真言宗	大川郡長尾町多和

う。大辺路《おおへじ》と呼ばれていることも、熊野と四国遍路との関係を暗示しているのではないかという。

こうした説はいわば情況証拠に立脚しており、厳格な文献史学者には受け入れがたいことであるかもしれないが、しかし、四国遍路のように文献の少ない民衆宗教儀礼の歴史の研究には、こうした推測も必ずしも不適当とはいえないと思う。

以上のように、四国遍路の歴史的古層には平安期の聖《ひじり》的な宗教伝統つまり山岳修行をも含めた非制度的な宗教伝統が色濃く見られるわけであり、それがまた同じく山岳修行者の聖地であった熊野との関連などにもつながっていくと考えられる。いずれにせよ、八十八の寺院が固定すること、弘法大師空海開創説が流布していくことなどは室町末期あるいは江戸時代になってからと推測するのが妥当のようである。

私自身は歴史文献をおもに扱う研究者ではないので、四国遍路起源論争、八十八の起源をめぐる論議に参与する資格はないのであるが、その限定のなかで八十八ヵ所の成立に関してある可能性をあげてみたい。札所配置地図を見るとわかるように（一六頁図3）、各札所が一二〇〇キロの遍路道に均等の距離で配置されているのではないことである。それはむしろ、地域的に密集しているところとまばらな地域とが存在する。つまり、距離的に不均等に札所が配置されていることである。これをどのように考えたらいいであろうか。

四国遍路と十ヵ所詣

ここで注目したいことは、四国遍路の寺院を参詣する人びとは霊場八十八ヵ所を全部巡拝するタイプばかりではないことである。そもそも巡拝の方法にいくつかあり、さらに交通手段が多様化した現在、その方法がさらにいろいろある。根本的は一度に全部巡る方法といくつかに分けて巡拝する方法の二つである。後者の代表例は一国参りすなわち阿波《あわ》、土佐、伊予、讃岐と四回に分けて巡る方法である。さらにもう一つの巡り方は十ヵ所巡り、七ヵ所巡りと呼ばれるものである。

札所が密集している地域には、それらのまとまった札所だけを巡る七ヵ所参り、十ヵ所参りなどが伝統的にある。徳島には阿波十ヵ所参り（一番から十番まで）、阿波五ヵ所（十三番から十七番まで）参り、阿波十七ヵ所（一番から十七番まで）参り、高知では七ヵ所参り、愛媛には二つの十ヵ所参り（四十四番から五十三番までと、五十四番から六十四番まで）、讃岐では七ヵ所（七十一番から七十七番まで）などとなっている。日帰りあるいは一泊二日程度で巡れる距離にあり毎年のように巡る。地域的習俗であり年中行事化した巡拝であったためその実態を捉える資料は少ないが、私はかつて愛媛の遍路宿帳データの整理で、その存在を浮き彫りにした。四国八十八ヵ所遍路成立の問題に対する筆者の仮説は、これらの数ヵ寺詣をある期間をかけて一定の人びとたとえば中世末期の密教系修行僧グループあるいは修験系行者などが八十八ヵ寺にまとめあげたのではないかということである。成立時期、成立仕掛け人などについてはわからないわけで、あくまでも歴史学者ではない者の推測である。

厳密な史料批判を旨とする史学者には叱正を受けるかもしれないが、しかし、あの膨大な空間をひとまとめの巡礼路にたばねるということには、それに先行するサブ集団のようなものがないと不可能であるという感が強い。

近世の四国遍路

江戸時代は日本の巡礼すべてにとって大きな転換点となった。日本を代表する巡礼史研究者であった新城常三《しんじょうつねぞう》は、次のように表現する。

江戸時代には、各種の社寺参詣が未曾有《みぞう》の盛況を記録するに至り、その数量は、前代の中世をはるかに凌駕するようになったのである。その原因はもちろん多様であるが、まず参詣の参加する階層・身分の拡大が挙げられねばならぬであろう。すなわち、古代の参詣が、国民の一握りにも価しない少数の貴族を中心とするに過ぎなかったのに対し、中世に入り、武士・有力農民がこれに代わり、さらに畿内では、中小農民までも参詣したという階層の拡大により、中世の参詣量は飛躍的に上昇したのである。（新城常三　一九八二）

新城は巡礼をより広い概念の遠隔参詣としている。彼は江戸期に遠隔参詣の民衆化が生じたとし、その原因を以下の五点に求めている。

一、民衆の生活とりわけ経済生活が著しく向上したこと。
二、都市の発達、町人層、商人層の成長、増大。つまり時間的経済的により余裕のある層の出現。
三、遊楽一般の出現。遊里や劇場が多数出現。旅と遊びと結びついた。
四、交通環境の改善。船、馬、駕籠《かご》などの輸送手段の飛躍的改善。宿屋の充実、治安の安定など。
五、封建体制下における遠隔参詣の例外的扱い。藩によっては遠隔参詣（典型は伊勢参り）や巡礼については寛容な方針をとった。

こうして江戸中期以降には旅ブームが生じた。道中記なども次々に出版された。多様な人びとが巡礼に出かけることになった。新城は江戸時代の遠隔参詣者は次の三類型に分類できるという。

一、中世的な多分に敬虔な信者
二、遊楽を兼ね、またはそれを主眼とするもの
三、参詣を生活手段とする乞食の類

一大旅行・巡礼ブームであったものの、他の巡礼や遠隔参詣と比べて四国遍路にはそれぞれなりの特徴を指摘することができる。同じく新城の研究をまとめると次のようになる。

一、相対的な意味での苦行性の維持。観光的要素が少なかった。
二、伊勢参りなどと比較すると、個人参詣者と女性が多い。
三、他の遠隔参詣と比して、経済的余力のない者が相対的に多い。これには接待の慣習なども大きな影響があった。
四、病人の参詣が多い。ハンセン病患者と四国遍路の結びつきは著名である。
五、窮民、乞食が多い。これにも接待の盛況が関係している。
六、遍路の出身地は四国一円、山陽地方、そして大坂など近畿が大半を占める。東日本は少ない。

江戸期の四国遍路には、三度ほどの四国遍路巡礼ブームがあったという。宝暦（一七五一―六四）・明和（一七六四―七二）期に第一回目のピーク、ついで文化（一八〇四―一八）・文政（一八一八―三〇）期に再度ピーク、そして天保期（一八三〇―四四）後半から嘉永六（一八五三）年頃にかけて再々度ピークが来たという。

明治・大正期の四国遍路

幕末から明治維新期における日本仏教界の最重要事件は神仏分離政策の実施であった。ながらく習合《しゅうごう》して日本人の宗教生活に機能していた仏教と神道が分離されることになった。この政策は当然四国遍路の札所寺院にも大きな影響を与えた。とくに影響を受けたのは神仏習合色が濃厚な寺院であった。

近藤喜博は八十八札所のうちで神仏習合の色彩が濃厚な寺院として十数ヵ寺をあげている。つまり一番（霊山寺《りょうぜんじ》）、二十七番（神峯寺《こうのみねじ》）、三十番（土佐一宮）、三十七番（五社）、四十一番（稲荷社）、五十五番（今治《いまばり》・大三島《おおみしま》）、五十七番（八幡）、六十番（横峯寺《よこみねじ》）、六十八番（琴弾八幡宮《ことひきはちまんぐう》）などであり、近藤はこれらの寺には古仏が伝えられていないと報告している。

神道思想家からの攻撃に加えて、仏教は旧弊の代表的存在の一つと考えられたので、遍路への風当たりも強かった。乞食をしながらの巡礼が少なくなかった四国遍路は否定されるべきものと批判した開明派もいたのである。近代初頭は遍路には厳しかった。

その後、廃仏毀釈《はいぶつきしゃく》の嵐も収まり、仏教界への直接的攻撃も消滅していった。さらに近代化の象徴としての鉄道整備が四国にも始まっていった。ただし、それが直接的に四国遍路に決定的な影響を与えたといえない。おもに四国の海辺を一周する四国遍路にとって好都合な鉄道路線が敷設されたわけではなかった。今でさえ、四国を一周する鉄道網は完成していない。大正期（一九一二―二六）になると乗合自動車時代が始まる。高価なものであったが、戦後の四国遍路飛躍の始まりであった。しかし、実際には大都市からの観光をかねた一部の遍路が用いただけであり、多くは歩いての遍路が昭和二十年（一九四五）すぎまで続くことになる。もちろん、太平洋戦争開始以降は遍路の数も減少し、昭和十八年以降はごく少数となった。

戦後数年間はおそらく地方習俗としての四国遍路も激減したのではないかと推測される。札所寺院のなかには檀家のない寺院もあり、厳しい事態に直面させられたことは仄聞《そくぶん》したことがある。

戦後モータリゼーションと四国遍路

しかし、昭和二十八年（一九五三）には実質国民所得が戦前の水準まで回復した。この結果、この頃より農閑期を利用した団体旅行、職場・学校の団体旅行、老人クラブ・婦人会の慰安旅行などが全国的に増加してきた。その三年後の昭和三十一年七月には『経済白書』が「もはや戦後ではない」と宣言し流行語になった。さらには昭和三十五年、当時の池田勇人《いけだはやと》首相が一〇年間のうちに国民の個人所得を倍増するという所得倍増計画を発表した。こうして日本人の生活は実質的にも意識のうえでも急激に改善されていった。

これらの社会状況のなか、四国遍路に画期的なことが起こった。巡拝バスの出現である。これはその後の四国遍路のあり方を決定づける出来事であった。それは昭和二十八年であったという。奇しくも国民所得が戦前レベルまで回復した年である。同三十五年に全国で約八三〇〇両だった貸切バスが五年後の四十年には約一万四四〇〇両となり、バスガイドは約二万人と跳ね上がった。

さらにこのあといわゆるマイカーブームが続いた。マイカーという言葉がブームになったのは昭和三十七年（一九六二）であるが、それが現実になるのはやや後になる。すなわち昭和四十三年には、日本のＧＮＰ（国民総生産）が西ドイツ（当時）を抜いて世界第二位になった。その前年の四十二年、日本の自動車生産台数がアメリカに次いで第二位となり、さらに昭和四十四年には日本の自動車保有台数が一六五二万台に上り、アメリカに次いで世界第二位となった。そして一九八〇年代前半には日本の家庭は希望すればほぼ一家に一台の自家用車を所有するようになった。

このモータリゼーションが四国遍路に与えた影響は計り知れないものがあった。この関連については早稲田大学道空間研究会による優れた研究がすでになされている。歩く遍路から車遍路へという変換は四国遍路に決定的影響を与えた。車利用の導入は四国遍路へのアクセスを飛躍的に楽にしたのであり、持続的に四国に大勢の遍路を送り込むことになった。本四架橋の完成などから、四国遍路のモータリゼーションは完成の域に達したといってよい。四国の観光事業に大きな意味を持つことになり、四国四県に多大な経済的効果をもたらすことになった。

歩き遍路の復活

その影響とは経済的次元に限られるわけではない。一方における何十人という団体遍路や数人の気の合った人たちとのマイカー遍路と、他方の歩く遍路では、遍路体験がまったく異なることになった。

ところが、こうした自動車全盛時代に、一九九〇年頃から目につくようになったのは歩き遍路の復活である。一種の時代錯誤的に見えるこの傾向はいまも続いている。脱近代、脱工業化、近代文明批判、環境への関心の増大など一般社会の価値観の変換が、歩き遍路ブームを押していることは確かである。歩き遍路には大都市の人びとが多いのもそのことの証左といえよう。歩き巡礼人気はヨーロッパのサンチャゴ・デ・コンポステラでも顕著である。ともに脱工業化社会に突入した先進国におきている巡礼ブームである。

こういうわけで現代の四国遍路は、ますます多様化している。さまざまな遍路タイプがいる。バス利用の人、マイカー利用の人、歩く人、車と歩きを併用する人、一度に全部巡る人、今回は徳島県、次回は高知県と一県ずつ巡る人（一国参りという）、週末ごとに巡る人、自転車利用の人などなど。このことは後ほど「四国遍路の人びと」の章で詳しく述べることにする。

四国遍路の特徴

順序にとらわれない巡り方

プロローグで巡礼類型から四国遍路の特徴を次のように述べた。四国遍路はメインとなる一つの聖地、聖堂参詣をめざす巡礼ではなく、最低八十八のお堂お寺を巡る巡礼である。他の巡礼よりも個人の巡礼者の姿が目立ち、仏教の信者であると否とに限らず誰でもがどのような信仰を持っていようと遍路となることができる。そして、四国遍路全体を覆う雰囲気は賑やかな祭り性ではなく落ち着いた静けさが顕著である。お参りする対象は弘法大師《こうぼうだいし》空海《くうかい》であって、一二〇〇キロの遍路道を歩くと空海にまつわるさまざまな物語に遭遇することになる。以上をもとにここでは四国遍路の諸特徴をいささか詳しく考えてみよう。

四国遍路の寺には、第一番から第八十八番まで順番に番号がふられている。現代人であれば、普通に考えると一番を出発して八十八番をめざす。私は東京に住んでいるから、何の不思議も感じない。神戸、大阪以東に住んでいる人はみな同じに考えることであろう。しかし九州の人や岡山県以西の人にとってはどうだろうか。たとえば広島市の人にとっては、愛媛県の松山市周辺や今治《いまばり》市周辺の札所《ふだしょ》が最も近いのである。大分県の人にとっては愛媛県の宇和島市周辺が便利である。

さらにいえば、四国在住の人びとにとっては一層不思議なことが起こる。もし順番通りの遍路にこだわるのであれば、たとえ高知県足摺岬にある三十八番金剛福寺近隣に住んでいても、わざわざ徳島東部まで行って一番から回ることになる。いまや四国遍路には外国人遍路も珍しくないほど国際化しつつあるが、しかし、各種調査によれば四国遍路を巡る人は今でも半分近くの遍路が四国在住の人なのである。

現代ではそのように順番にこだわる遍路もいるであろうが、それは車や飛行機、列車等の輸送手段が発達したから可能なことなのである。それ以前はどのようにしていたか。四国在住の人びとはほとんどが自分の家の札所から巡り始めたのである。大分の人は船で対岸の愛媛県に渡りそこから遍路を始めた。岡山県の人はやはり船で対岸の愛媛県、香川県にわたり、そこから巡り始めた。徳島県の第一番札所が都合のよかったのは、大阪など関西の人びとであったといわれている。東国の人びとにとっても今も昔も徳島から開始は都合がよい。ところが四国在住の人びとは今でも自宅近くから巡り始めることが圧倒的に多い。つまり順番よりも回り勝手が優先するといったら身も蓋もないであろうか。

八十八ヵ所を巡り終えたならば、お礼参りで高野山奥の院を参拝するという方法が推奨されているが、これも交通機関が発達した昭和三十年（一九五五）以降であろう。

この巡りの順番に限らず、四国遍路に新しい要素や方法が加わり、時にはそれが四国遍路の仕組みや体験そのものを変化させるようなことが起きているが、それは四国遍路が多くの人に巡られているということで、この変化は四国遍路がいまもそれだけ生き生きしているということに他ならない。

先述のように、八十八番から一番へと逆に巡る方法もあるとされる。それを逆打ちという、道程は困難だが弘法大師に出会うことができる、という言い伝えもある。しかし反対に逆打ちコースは順打ちよりきついという人もいれば、逆に楽だという伝えもあるようで苦楽の程度はよくわからない。

バス遍路、マイカー遍路、歩き遍路

四国遍路は一回に八十八ヵ寺全部を回り切る方法のみだと思っている人がかなりいるようであるが、それは正しくない。先に書いた通り、歴史的に見ても七ヵ所参りとか十ヵ所参りが盛んに行われていたのである。

もちろん正式の四国遍路ではないが、七ヵ所参りも広義の四国遍路といえる。

一二〇〇㌔を歩くと、たとえば一日二五㌔平均として単純計算すると四八日となる。私の経験によると毎日平均二五㌔の歩きは決して楽ではない。もちろん人による。

観光バスで一回すべてを巡ると、四国内出発で一〇泊一一日ぐらいが平均である。ちなみに費用は約二〇万円が普通であろうか。少人数の団体の場合は、マイクロバス巡拝もある。

観光バスツアーでも、徳島県、高知県、愛媛県、香川県と一県ずつ分けて回る一国回りというのもポピュラーである。一県ずつ四回に分けて巡る方法である。

そのほか貸し切りハイヤーという方法もある。個人でも参加できる。お寺の門前まで行けるという便利さがあるが、当然バスよりも高価となり、三〇万円ぐらいであろうか。

次には自家用車による遍路である。この場合費用は当然いろいろである。宿泊する宿もまた多様だからである。この自家用車遍路には週末遍路と呼ばれるタイプもある。週末の二日間を使って札所を巡っていく方法である。いずれにせよ自家用車による方法は自由選択の幅が広がる。その他、自転車、バイクなども少数だがある。

車以外には過去二〇年間ぐらいに盛んになった歩き遍路である。一周すると五〇日ぐらい必要である。たとえ定年後であっても一気に五〇日を割《さ》ける人はそう沢山いない。そのため、歩き遍路の場合も、一国回りとか週末遍路の方法がある。歩き遍路の場合、宿賃から始まりさまざまな出費で一日一万円ほど必要であろう。観光バス遍路の約二・五倍である。乗り合いタクシーが導入された頃の大正時代末から昭和時代初め、タクシー利用遍路はそれが一部の区間であっても大変な贅沢であった。しかし現代では歩き遍路がもっとも贅沢な遍路であるといえる。歩き遍路にも、近年、ガイド（先達）つきのサービスをするツアーもできた。個人性を生かしながら、一人歩き遍路の苦労を軽減するという狙いのようである。

お接待

四国遍路独特の習俗といえば、まずはお接待だろう。お接待とは、四国遍路に対して四国在住の人びとが無償で金品を与える風習である。こうしたホスピタリティは近代以前の日本では各地で行われていた。全国を歩いて修行する山伏《やまぶし》などに無償で宿を提供するということは普通の慣行であった。山伏はその御礼にご祈禱などを家族に施したりしたものであった。また日本に限らず世界各地の民俗慣行として、外者歓待（こうした慣行を「ホスピタリティ」と学術的にかねてから呼んでいた）の習俗は広く見られたといわれる。

しかし、いま、こうした習俗が日本で遺っているところは四国遍路のみである。金品の授与から一夜の宿提供などもある。接待が行われる場所は札所と遍路道沿いの両方である。

乗り物利用の遍路が接待にあうのは札所境内だけである。それゆえ、お接待を受けるチャンスが多いのは歩き遍路である。現代社会では、歩いていて見ず知らずの人から金品を貰うなどということはあり得ないことである。それゆえ最初のお接待は遍路を狼狽させるが、次第に慣れて上手に返礼できるようになる。お接待については「四国遍路の接待文化」の章でさらに詳しく説明する。

同行二人

同行二人《どうぎょうににん》という表現もまた四国遍路でごくポピュラーである。遍路が身につける菅笠《すげがさ》、笈摺《おいずる》（白衣）、杖、納札《おさめふだ》（札所に納める願い札）などに同行二人と書き入れる。遍路にはつねに弘法大師空海が同行して歩いているという信仰である。民間信仰では、弘法大師空海はいまも四国遍路を巡り続けているといい伝えられている。道に迷った時にどこからともなく犬が現れ先導するように歩いていくので、犬に従って歩いていったら迷い道から抜けられた、あの犬はお大師さんの化身だったに違いない、といった話は今も語り継がれている。現在でも多くの遍路が遭遇する大小の〝不思議〟は同行二人のお大師さんのお計らいという考え方は根強い。ただし、聖者、聖人が常に一緒に巡礼者と共にいるという考え方は四国遍路独特のものではなく、外国の巡礼にもある考えのようである。スペインのサンチャゴ・デ・コンポステラ巡礼は使徒ヤコブを信仰対象とする巡礼であるが、そこにもヤコブは巡礼者とともにあるという信仰がある。大体、神や仏

図4　四国遍路をする人
「同行二人」と書かれた菅笠をかぶり，手には金杖をもっている．

図5　サンチャゴ・デ・コンポステラ巡礼する人
リュックにほたて貝をつけている．

は常に信仰者とともにあるということはどの宗教でも教えの根本であるから、同行二人的観念の普遍性は当然といえるかもしれない。

弘法大師信仰の六つの特徴

四国遍路の中核は弘法大師信仰である。弘法大師空海は日本仏教の有力宗派の一つである真言《しんごん》宗開創者である。しかし一宗の開基《かいき》（つまり祖師）というのであれば、天台宗の最澄《さいちょう》、浄土宗の法然《ほうねん》、日蓮宗の日蓮《にちれん》、禅宗の道元《どうげん》や栄西《えいさい》、浄土真宗の親鸞《しんらん》もみな同じである。日本では教えよりもその教えを開いたカリスマ開祖への信仰つまり祖師信仰が強いといわれる。確かにそうであるが、なかでも弘法大師信仰は大変ユニークな諸相を持っている。弘法大師信仰を構成する要素は六つほどあげられると思う。

第一に、真言密教を独立した宗派として立てた空海への崇拝である。平安時代初め、唐の長安《ちょうあん》に行き密教を伝授された空海が帰国し真言密教を日本にたてたことへの尊敬が中心である。中国では密教は宗派として持続することはなかった。日本のみが中国の流れを踏む〝純粋の〟密教を保持しており、多くの寺と僧侶そして檀信徒《だんしんと》を有した仏教教派としていまも存続している。彼らにより育まれてきた信仰がこれに当たる。

第二に、民間信仰と関連する弘法大師信仰である。弘法大師の像が描かれた掛け軸を飾りながら、毎月弘法大師讃仰《さんごう》の集いを行ったりする。かつての村々には、こうした活動をする大師講が至るところにあった。プロの僧侶はほとんど関わらない。四国遍路の弘法大師信仰もこれと深く関連している。

第三に、入定《にゅうじょう》信仰としての弘法大師信仰である。人間空海は逝去する。しかし即身成《そくしんじょう》仏《ぶつ》を説く空海は身そのまま仏になったという信仰が入定信仰である。高野山《こうやさん》奥の院ではいまも弘法大師は生きている。この信仰はさきに触れたような同行二人信仰の下敷きとなっている。

第四に、民俗説話と結合した大師信仰である。空海のライフヒストリーは現代かなり詳細に研究され、その生涯はかつてと比べれば格段に解明されているといってよい。生前の彼の活躍の地域は関西一円、北九州の一部、四国の一部、そして長安である。ところが説話の世界では弘法大師は日本の津々浦々、東北から九州まで行脚して歩いたということになっており、至るところに空海説話が無数に残っている。主題の多くは水とさらに特定の作物や果物の育成に関するものである。なかには無礼な農民に罰を当てる弘法大師も出てくる。民俗学者柳《やなぎ》田国男《たくにお》は「高僧らしからぬ態度」と批判しているが、とにかく日本国中言い伝えられた弘法大師説話である。このような祖師は他にいない。

第五に死者祭祀《さいし》、先祖祭祀と結びついた弘法大師である。高野山が死者の遺髪や遺骨の納め場所になったのは平安末期からという。高野山は弘法大師が入定した地であるから、納骨の場としては条件が合っている。その後、高野聖《こうやひじり》は全国を巡って高野納骨を民衆に勧めたという。高野山奥の院に今に残る無数の墓石群は、高野山および高野山と死者祭祀、先祖祭祀の結びつきを語ってあまりあるほどである。日本の山はもともと死霊が昇り安住するところという山中他界観があったこともその下地になっているという。

第六に、救世主としての弘法大師信仰である。ある文献によると空海は没後、弥勒菩薩《みろくぼさつ》の浄土に生き、五億六七〇〇万年後、弥勒菩薩とともに地上に救世主として再生するという救世主信仰がある。だから後世に再びこの世に現れ、窮民を救済してくれるという観念がある。

四半世紀前であるが、私はハワイ日系人宗教調査団に加わって彼の地にある日系人社会における弘法大師信仰の歴史と実態を調べたことがあるが、ハワイ日系人社会の弘法大師信仰は少なくとも戦前までは救世主信仰的側面が濃厚であった。辛い農作業生活における病気治しを初めとした奇跡信仰は日系移民のなかではもっぱら弘法大師信仰であったことが明瞭である。

四国遍路の弘法大師信仰は、以上の要素をすべて含み重なり合っているものといえる。六つの要素のうち、第二の要素から第六の要素までは、いずれも正統的というよりも非正統的、宗派的というよりも超宗派的、理論的というよりも感覚的、エリート的というよりも民衆的、抽象的というより具体的、組織的・制度的というより非組織的・非制度的な性格が強い。

これは四国遍路にも現れており、四国遍路は制度としての日本仏教の中核からは逸脱した、あるいは組織としての真言宗からみれば周辺的で逸脱した性格を持っている。

それは八十八ヵ所の現在の所属宗派にも現れている。八十八寺院の所属宗派は次の通りである。真言宗八十ヵ寺、天台宗《てんだい》四ヵ寺、臨済宗《りんざい》二ヵ寺、曹洞宗《そうとう》一ヵ寺、時宗《じ》一ヵ寺となっている。弘法大師信仰の超宗派的色彩がここにも表現されているといえる。

超宗派的であるということは、宗教の宗派という宗教的権威構造のバネが利かないということである。八十八の寺院がハイアラキカルに（階層的に）組織だった関係にないということである。この点はさらに次の項で考えてみたい。

四国遍路共同体

「お四国病」

四国遍路には「お四国病」という言葉がある。四国遍路の魅力に取り憑《つ》かれることである。一度四国遍路を経験した人が「また四国に行ってみたい」と思ったり、実際、再び四国の地を踏むような様子をいう。つまり四国遍路リピーターのことである。「お四国病院」という表現もある。四国遍路に出ると各種の病気が治るという意味である。

四国では一〇〇回回った人、二〇〇回回った人といった猛者《もさ》がいて、寺に納める札（納札）も回数が増えると色が違ってくる。このことについては次章でさらに触れる。

そこまで「病い膏肓《こうこう》にいる」状態にならずとも、四国遍路は日本のほかの巡礼と比較してもリピーターが多い。ある調査によると、西国巡礼では八一％が始めての巡礼者であるのに、四国遍路では遍路初体験者は五八％であり、つまり四割以上が遍路リピーターであるという（佐藤久光　二〇〇四）。

なぜ四国遍路にそうした状況が生ずるのであろうか。「沢山拝めば拝むほど得る功徳は多くなる」（多度多拝）という信仰があることは否定できない。しかしなぜそれが四国なのであろうか。佐藤久光は、リピーターが多い理由として、①多拝多功徳の信仰、②四国遍路全体にある質素さ、簡素さ、喧噪からの一時的分離、四国の豊富な自然とのふれ合い、③遍路独特の服装、読経、宿坊宿泊など、非日常性に包まれて、「聖なる体験」を得やすい、④お接待に代表される四国在住の人びととの温かいふれ合い、などをあげている。

しかし、②以下の理由はいささか主観的である。歩き遍路の場合で考えてみよう。遍路道は必ずしも自然の中ばかりでなく県庁所在地の真ん中を通る場合も何度もある。全行程を通してみると、アスファルト道路を歩く方が自然道を歩くよりはるかに多い。狭いトンネルを車と平行して歩く危険は誰でもが嘆く。宿坊に限らず宿泊場所については、遍路の要望やクレームが数々あることはよく耳にする。四国在住の人がすべて親切で温かいというのも主観的な解釈にしか過ぎないかもしれない。四国の人に「嫌味を言われた」経験のある遍路に私は何度もインタビューしたことがある。

大正七年（一九一八）に二十四歳で四国遍路を約六ヵ月かけて歩いて回った女性がいる。

詩人で女性史研究家の高群逸枝《たかむれいつえ》（一八九四―一九六四）である。彼女は実体験を毎日綴った記事を郷里の新聞に載せた。さらに数十年経ってから、四国遍路を懐かしんで数冊の四国遍路関係の本を出している。

高群の著作を読んでいて面白いことは、原体験記と後世の思い出記とのあいだに、四国遍路に対する彼女の観念に大きな落差があることである。原体験では苦労の連続である。四国遍路では最初の日から野宿を強いられる、歩きによる足の痛み、ハンセン病者との宿の同宿、宿の風呂の汚さ、二十四歳の若い高群に対する遍路道の人びとの視線などなど。苦痛の発露と嘆きの連続である。ところが数十年経過したのちの高群の著作は、次のように四国遍路を賛嘆する。

私は、生活に生きづまりを感じ、物ごとに確信を失うごとに、きまって遍路を思う。遍路は私の心の故里《ふるさと》である。……人の世のどんな不幸でも、あの道（遍路道）を辿る間には、心次第で、大概はいやされるという気が私にはするのである。不幸な人は遍路に出なさい。私は心からこういって、すすめたいのである（高群逸枝『遍路と人生』一九三九年）

高群は昭和十三年（一九三八）に『お遍路』（厚生閣）を出版しているが、そのなかで四国遍路は「自由の国、霊の国」であるという。この背景には東京に代表される近代社会が

「束縛の国、物質の国」であるという強烈な都市批判が対となっている。

先程の四国遍路のリピーターたちあるいは高群逸枝は、なぜこのように四国遍路および四国が理想化、理念化するのであろう。

四国共同体の仕組み

四国遍路を研究していて気づいたことの一つは、自らの遍路体験を綴った書物の多さである。先の高群逸枝などはそのはしりの方であるが、当時から巡礼記はいくつも出ていた（ガイドブックではなく体験記である）。しかしそれが急に多くなっていくのは一九九〇年前後からである。個人出版が広く行われるようになったこと、ワープロの普及のおかげで文章を書くことが容易になったこと、などが原因であろう。その頃から歩き遍路が増加し始めたことも無縁では無かろう。歩き遍路には都市在留の定年前後世代が多いが、歩くという〝反文明的〟な行為による遍路体験は、都市住民にとって強烈な経験なのである。遍路体験記の数は膨大なものであり、一〇年間で何百冊である。私家版のようなもの、自費出版のもので市場に出回らないものまで把握することはなかなか困難である。それらのほとんどすべてが四国遍路を何らかの形で賛嘆する内容になっている。

現代は遍路関係のホームページ、ブログも数多くあり、四国遍路情報発信には文字メディア以上に大きな役割を果たしている。

これ以外には市販されているガイドブックもかなりの数である。加えて、旅行雑誌、健康専門誌、女性誌などが毎年繰り返して四国遍路を特集する。美しい写真に加えて、癒し空間としての四国遍路を喧伝する。

こうした文字メディアによる四国遍路情報の発信以外に、大きな役割を果たすのは映像メディアである。ここで注目したいのは、単なる四国遍路情報ではなく、四国遍路を舞台にしたドラマ系のものである。

まず早坂《はやさか》暁《あきら》脚本によるNHKドラマ『花へんろ』の放映である。昭和六十年（一九八五）から六十三年にかけて放映された。早坂自身が愛媛県北条市の遍路道沿いの商店を実家とする。彼のライフヒストリーには、行きずりの女遍路から早坂の実家に預けられた少女との物語が大きな意味を持っており、そのことを早坂はさまざまなところで語ってもおり、遍路世界が持つとされる優しさと憂いを盛り上げる効果があったと思う。

さらに、NHKは平成十年（一九九八）から十二年にかけて、著名人やタレントをレポーターに八十八霊場の紹介番組を放映した。それは各札所にレポーターが歩いて訪れるという設定になっており、各霊場一五分程度の見やすい長さの番組であり、再放送もされた。この番組の影響力の大きさについては四国遍路各札所僧侶が口をそろえて強調するところである。この番組も単に札所を客観的に紹介するのではなく、レポーターの個人的な感想や印象を多く取り入れたものであり、それは四国遍路への好意に満ちたものであった。

　このようにメディアが四国遍路に関する一種の〝神話〟を作り出す方向へと機能していることに疑いはない。つまり四国遍路は特別の意味空間であり、それゆえにそこでは日常では味わえない時間をエンジョイできると人びとに思わせる、いわば一種の「架空の共同体」あるいは「空想の共同体」が構築されているといえよう。

ドラマ化された理想郷「四国遍路」

　平成十八年（二〇〇六）秋、NHKから『ウォーカーズ　迷子の大人たち』という四回連続のドラマが放映された（DVD化）。たまたま四国遍路で行き会った三組のカップル、若い男性と女性一人ずつ、先達一人の九人のグループが一緒に四国を回る。実はその八人はそれぞれ人生の荷物を背負った人びとで、四国遍路を巡ることでそれらに対して何らかの解答を見つけようとしている。団塊世代の働きバチ夫と満たされない妻、引き籠もりで家庭内暴力の息子を持つ教師夫婦、実家の寺を継ぐかどうかで悩むエンジニアとその恋人、貧しさがゆえに病気の親を見殺しにしてしまった若者、死との出会いが日常的になり人間らしさを失ってしまったと悩む看護師、さらにベトナム戦争時はカメラマンであったが結局挫折して今は遍路先達を勤める男といった人びとである。彼らに共通している苦しみの一つは、自分たちの人生のこれからをそれぞれどのように拓いていくか、ということであった。いわば「自分さがし」の旅である。道中では、各自の悩みが更に深刻となり、離婚へと話が進みそうになったり、一行から離れて東京の仕事場に一時戻ったりする。あるいは自殺を試みることもある。しかし修行の道場と呼ばれる高知県を過ぎ菩提の道場と呼ばれる愛媛県に入った頃から、次第にお互いに歩み合ったり、人生の真実に気がついたりしながら、皆は次第にみずからの進むべき道を見出す方向になる。主人公であるエンジニアは両親の理解もあり寺を継ぐことはしないが、しかし、大都会で地位や名誉を求める生き方は捨て、純粋のエンジニアとして優しい理解のある夫として、生きる道を見つける。

つまり四国遍路を貫徹することで、それぞれが他者を思い遣りながら生きていくという利他的世界に目覚めるという話である。なかには多少理屈っぽい個所もあるが、しかし、救済空間、癒し空間としての四国遍路が強調されている。迷子の大人たちというサブタイトル通り、四国遍路は、迷える人間が進むべき道を見つけることのできる空間という好ましいイメージが横溢している。

映画『サンジャックへの道』

四国遍路ではないが、救済空間としての巡礼を描いたドラマ（映画）は外国にもある。二〇〇五年作製の映画『サンジャックへの道』がそれである。サンジャックとは聖ヤコブのことでスペイン北西部サンチャゴ・デ・コンポステラの聖ヤコブ教会への巡礼一行を描いた映画である。親の遺言書にサンチャゴ巡礼を成し遂げた子供にのみ莫大な遺産を相続する権利があると書いてあったばかりに、欲に駆られた会社社長の長男、無神論者で教師の長女、若い時から一度も働いたことがないというアルコール依存症の次男が、遺産目当てに巡礼団に入る。同行者ガイド一人、大学合格祝いに親から旅費をプレゼントされた女子高校生二人、さらにアラブ系移民の子二人で、その一人は識字能力がなくこのツアーはメッカへ行くツアーと信じている。これに知的な物静かな女性も一人加わる。総勢九人の寄せ集め巡礼団が最初はさまざまな葛藤と軋轢《あつれき》、誤解などに悩まされながら、次第にお互いに歩み寄り他者を理解しあうようになり、最後はそれぞれが希望のある未来の生活へのきっかけを得るという話である（DVD化）。ストーリーとしては出だしの設定はなかなか面白いが、相互理解や自己変容へのきっかけやプロセスの描き方がややイージーである感は免れない。しかしこの『サンジャックへの道』もまた、強烈な自我の持ち主であるヨーロッパ中産階級の人びとが、他者への理解と感謝、共生へと目覚めていくという意味では、『ウォーカーズ』と同じような役割を巡礼という空間に担わせている。両ドラマの筋書きが偶然の一致なのか影響の先後関係があるのかはわからない。

それはともかく私の強調したいことは、こうしたドラマが四国遍路や巡礼を理想化した空間として多くの人びとの価値観に根づけさせるうえで、無視できない力を持っているのではないかということである。

高群逸枝は東京が「物質の国」であるのに対して四国は「霊の国」であるといって、その精神性の高さを称賛した。人類学者ヴィクター・ターナーは、巡礼の世界は、我々の生活世界を支配する日常的世俗的価値観とは正反対の、人間を全体性で評価する、融合的共同体（コムニタス）であるとした。これらの考え方は、拙著（『四国遍路の宗教学的研究』）に詳しく述べているが、それはまさに前述の、ドラマが描く巡礼や四国遍路の世界である。

想像の共同体としての四国遍路

近代国民国家論の名著『想像の共同体』の作者である政治学者ベネディクト・アンダーソンは、近代世界の国民国家を成立させる重要な役割を果たした手段として、小説と新聞をあげる。当時は新しい、文字のマスメディアであった小説と新聞の力が、一度も会ったこともない人びとを、運命共同体つまり国家という運命共同体を形成しているのだと想像させたという（アンダーソン　二〇〇七）。現代の共同体ではその役割の一端は間違いなくインターネットおよび映像メディアであろう。

四国は癒しの空間である、自然が豊富である、人心は優しい、誰でもを受け入れてくれる、大都会の正反対である、人を信ずることができる、他者とのコミュニケーションが容易である、自分を変えることができる、等々、現代社会に失われた価値が四国遍路にはまだ存在している。こうした価値観がメディアを通じて間断なく再生産されているといってよい。

お四国病とは、四国にいまだ生きているという諸々の価値を恋い慕うことである。大都市においては失われてしまった価値、いま再度貴重だと復活が願われている価値、そうしたものが四国にはあるのだと信ずることがお四国病と呼ばれるのである。それゆえ、四国遍路はゆるやかな「価値共同体」を形成しているといえるのではなかろうか。「お四国病」になったリピーターや遍路経験者はその共同体の市民だし、遍路未経験者で四国遍路的価値にあこがれる人びとは、各種メディアを通して共同体の次世代市民になるのである。

四国遍路の人びと

伝統的四国遍路イメージとは

〈伝統的〉四国遍路の確立と継続

空海《くうかい》の時代から数えれば一二〇〇年の歴史を持つ四国遍路である。時代によって遍路する人びともさまざまである。

最古の史料の一つとしてしばしば引用される平安中期『今昔物語《こんじやくものがたり》』の一節には、海辺を修行してまわる修行者のことが書かれている。『梁塵秘抄《りようじんひしよう》』にもまた修行地としての、いくつかの札所が記載されている。古い時代、遍路を巡るということは仏道修行だったのである。プロ修行者用の修行地としての四国遍路は中世にも継続されていく。

「四国遍路の思想」の章で述べたように、四国遍路に一般人が大勢出かけるようになるのは江戸時代である。そのなかで、四国遍路には、女性巡礼者が多いこと、職業遍路が目立つこと、遍路の出身地は西日本が主であること、などが特徴であることを紹介した。

弥次さん喜多さんの伊勢参り珍道中で有名な『東海道中膝栗毛《とうかいどうちゅうひざくりげ》』を書いた、江戸後期の作家十返舎一九《じっぺんしゃいっく》によれば、江戸時代の遍路の目的は、①先祖の菩提・供養、②自身の来世の成仏、③自身の現世利益、である（新城常三　一九八二）。

本章では、四国遍路の歴史を通して遍路道を彩ったさまざまな遍路たちをトピック風に取り上げ、結果として四国遍路の輪郭や特徴あるいは個性などを描き出したいと思う。

一つの前提をここで確認しておきたい。いまに続く四国遍路の基本型、諸特徴は江戸時代それも江戸中期には確立したということである。

さて、このように江戸期に定まった四国遍路の基本型はその後長い間保持されることになった。幕末から明治初期には神仏分離、廃仏毀釈《はいぶつきしゃく》といった日本宗教史上の大事件が起こった。四国の札所《ふだしょ》でもその影響をうけた寺院は十余を数えるといわれる。一時廃寺になった霊場もあった。しかし、それもまもなく沈静化し、庶民生活と仏教寺院の関係も明治十年代にはおおむね元に戻ったと考えられる。そして四国遍路もまたもとの姿が基本的に継承されていった。

つまり江戸中期以降に確立し明治維新以降もほぼ継承された四国遍路の型とイメージを、〈伝統的〉四国遍路とここでは考えていきたい。

もちろんその間変化がなかったというわけではない。むしろ大きく変化したものもある。近代になってからの交通環境などはその例である。ただし、四国遍路に抜本的な影響を与えたのは戦後のモータリゼーションである。

森正人は、近代四国遍路の変化を日本社会の動きとともに精力的に浮かびあがらせようとしているし（森正人　二〇〇五）、私自身もそうした試みを拙著で試みている。四国遍路もまた社会の流れと関連して生きてきたわけであるから、当然のことである。

しかし、大きく見ると江戸中期に淵源を持つと考えられる伝統的四国遍路の姿は太平洋戦争終了期までは保持されてきたのではないか、と考えている。

江戸中期から基本的構造や特徴が保持されてきたということは、明治以来の近代化の波を四国遍路は抜本的に受けることがなかったということになる。このように言い切ることには細部から見れば異論もあるかもしれないが、社会や文化においては、外来文明や国家中枢部の文化変容の影響をいち早く受ける部分とそうではない部分があるという見解は、無理なものではない。以下、まず基本的な伝統的四国遍路像を浮き彫りにし、そのあと、変化の側面、新しい様相などに触れてみることにする。

徳島生まれ瀬戸内寂聴の遍路イメージとは

大正十一年（一九二二）に徳島市内の商店の娘に生まれた瀬戸内寂聴《せとうちじゃくちょう》は小さい頃からお遍路さんと日常的に接する環境にあった。お接待なども ごく当たり前に行っていたようである。瀬戸内はお遍路さんに対して四国の人びとが持つ、決して一面的ではない複雑な思いを如実に語っている。以下、彼女の流麗な文章を引用してみよう。

子供の私の耳には、「おへんろさん」ということばの響きは、やさしく、なつかしく聞え、「おへんど」と聞くのは、なぜか恐ろしく、凶々《まがまが》しい感じがしていた。大人たちは、ほとんど「へんど」には、「お」も「さん」もつけないことの方が多かった。「へんど」ということばは、軽蔑と、嫌悪の感情をこめて吐き捨てられていたようだ。子供たちはよく年寄に叱られる時、

「ほないいうことききかん子は、へんどにやってしまうでよ」

と、脅かされた。やってしまうとは呉れてしまうという意味だった。それはどんなわんぱくな子供たちをもしゅんとさせる呪力を持っていた。私も格別にその脅しに怯《おび》えた。（瀬戸内寂聴　一九八〇）

「へんど」とは職業遍路のことである。遍路することを生業《なりわい》としていた人びとである。職業遍路にもいろいろとタイプがあったが、このような遍路は決して少なくなかったのであ

り、江戸時代のある文献は遍路を乞食の一種としているほどである。このことについては、「四国遍路の接待文化」の章においてさらに詳しく論じることにしよう。

いまでこそ観光遍路や若者遍路がたくさんいるが、それは太平洋戦争後の遍路像である。先に見た、大正期に四国遍路を歩いた高群逸枝は二十四歳の娘だった。彼女は「此度《このたび》の巡礼旅行に就いて、私は実際うるさくて耐まらない程の疑惑だの誤解だのを蒙った。願解の為めか悪病の為めか失敗の為めか此の三つの一つに該当しなけりゃ人びとは承知せぬ」のであったと、嘆いている（高群　一九七九）。つまり二十四歳の若い女性が四国遍路に出るなど、大正時代にはあり得ないようなことであった。とくに若い場合には「わけあり」の者ばかりが遍路であったということになる。ただし、娘遍路といって、地域の人びとが年頃になると集団を組んで娘遍路に出たという伝統的習俗はあった。しかし高群はそれには当てはまらない。

四国遍路にはこうした巡礼が多かったのは、接待という遍路に対する金品無償供与の習慣があったからだという。しかし、以上のことからわかるように、四国の人びとも必ずしも歓迎しないタイプの遍路がいたわけである。

聖地と乞食巡礼

現代でもそうしたタイプの遍路がまったくいないわけでもない。ただし、職業巡礼が存在しているのは、何も四国遍路だけではない。聖地と物乞いはむしろつきものである。私が一九八〇年代初頭に訪れた中国の著名な仏教聖地でも巡礼路沿いに物乞いがいた。貧困を無くし平等を優先するというスローガンを掲げていた社会主義国家における乞食というのは、やや意外な組み合わせだった。あるいは一九九〇年代に訪ねたポルトガルのファティマという著名なマリア巡礼地でも、何人もの物乞いに出会った。

聖地や巡礼にはなぜ乞食する巡礼者がいるのであろうか。まずいえることは、社会的に劣位な存在を受け入れることは、宗教の世界や宗教空間では決して珍しいことではない。宗教の世界は多少とも現実世界の価値観の裏返し的なところがあるからである。愛と平和を宗教が説くのは、憎しみと憎悪の現実世界の裏返しである。それは一部の人びとが主張するように、現実からの逃避ではなく、宗教の世界は理念的には、そうした理想の実現を目指すものであり、事実、それをこの世に多少とも実現しようとする宗教的運動も決して珍しくない。

ただし、日本の宗教空間では、江戸期から近代にかけて、社会的弱者をこれほど受け入れるところは四国遍路以外にはなかったのではないか、と思われる。なぜ四国なのかは一つの課題である。

このようなことから、伝統的四国遍路観の有力な一面として「暗いイメージ」をあげることができる。以下、まずは、四国遍路に目立った社会的劣位の人びとの具体例をあげてみたい。

職業遍路と病人遍路

伝統的地域共同体から放り出された者が、四国遍路で職業遍路となった。なかでも不治の病に罹《かか》ったとされる病人の遍路は、よく知られている。

ハンセン病患者と遍路

以下は高群逸枝《たかむれいつえ》が大正期の遍路行で出会った病人についての一節である。

頭の地には累々たる瘡《かさ》ありて、髪の根本に蟠《わだかま》れるさま、身の毛もよだつばかりなり。しばしば手の指にて掻きむしるに、その瘡ぶたの剝げ口より青赤き汁のドロリと溢れたる、臭気例えむにものなし。（高群逸枝　一九六六）

伝統的四国遍路には、本人の意志とは関係なく共同体を追われる形で四国遍路に来たものも多い。その代表例がハンセン病患者である。実際、伝統的四国遍路には、遍路に出ることを主体的に選択したのではない遍路がたくさんいた（長田・坂田・関編　二〇〇三）。

ハンセン病は微弱な慢性伝染病であるが、現在は特効薬もあり恐るるに足らない病気である。しかしそうした知識が定着したのは戦後である。ハンセン病は奈良時代以前に日本に侵入したといわれ、もっとも恐れられていた病気であった。天刑病、かったい、くされなどと不当に呼ばれ、その症状は「肉が崩れる」と表現された。ハンセン病患者が出ると、近親者が不幸な目に会うとされ、親族たちはそれをひた隠しにした。明るみに出ると社会生活が難しかったからである。早く患者を自分たちの生活領域から放逐しようとした。こうしてハンセン病患者はおおく四国遍路へ送り込まれた。

実際、このようなハンセン病患者の遍路姿は、昭和十年代まで四国ではごく日常茶飯事であった。その後、ハンセン病患者は人権無視の徹底した隔離政策の対象となり、非人間的扱いを受けた。これが全面的に改善されたのは平成期になってからである。

宮本常一が会った病人遍路

民俗学者宮本常一《みやもとつねいち》は土佐山中の檮原《ゆすはら》から東北へ一〇里ほどの寺川というところあたりで聞き取り調査を行ったとき、ハンセン病患者の遍路たちだけが歩く道カッタイ道があるという話を聞いたという。

山中を歩いていて一ばんおどろいたのはカツタイ道の話であった。……昭和一六年一二月、愛媛県小松から山をこえて高知県寺川へ行く途中、西之川山というところの山中で、一人のレプラ患者の老婆に会うた。老婆であるかどうか、顔はくずれてしまっているので年齢はよくわからなかった。男か女かさえもわからぬほどであった。髪はあるかないか手ぬぐいでおおっており、ぼろぼろの着物を着、肩から腋《わき》に風呂敷包をかけていた。杖をついていたが手に指らしいものはなかった。この老婆に会うたとき、私は全くはっとした。そこは大木が全山をおおうていてうすぐらく、木の下は一面に熊笹が茂っていて、その笹の中の一ところがくぼみになっており、そこが道だった。まったくよけようもないところである。向いあったとき老婆の方から「伊予のなにがしというところまでどのくらいあるだろう」と聞かれた。私は五万分の一地形図を持っていたので、それを見たけれどもよくわからないので、「どうもよく知らないが、これを下っていくと西之川山というところへ出る。そこで聞いてみるとよいだろう」と答えた。そして「婆さんはどこから来たのか」と聞くと「阿波から来た」という。「どうしてここまで来たか」とたずねると、「伊予のなにがしというところにしるべがあるのでそこへ行きたい。こういう業病で人の歩く道をまともに歩けず、こういう道を歩いてきたのだが、四国には自分のような業病の者が多く、そういう者のみの通る道があって、それを通ってきた。西之川山へ出ないでなにがしへ行く道はないだろうか」という。土地に不案内で私は答えようもなかったし、それ以上話も聞かずに行きすぎてきたのだが、阿波から石槌《いしづち》山の東まで山道をよぼよぼ歩いて、五日や六日

はかかったであろう。どこで泊って何を食べてきたのであろうか。（宮本『山に生きる人びと』一九六四）

つまり四国遍路でもハンセン病患者は一般の遍路ルートとは別の道を通っていたという話であるが、これをさらに確かめる方法がない。こうした社会的弱者についての記録といったものは当人たちがまず残さないものだからである。

病人遍路からの聞き書き

そうしたなかで、やむを得ず四国遍路に出させられ、施設に収容されたハンセン病患者YMさんに対する聞き書きを紹介しよう。YMさんは、昭和十二年（一九三七）、十五歳の時に発病、薬を飲んだが効果なし。「四国を回って信心すればおかげがあると遍路をすすめ」る親戚がいて家を出た。

四国へ渡る船に乗ろうとしたら、「町はずれから出てる牛船に乗れ、と言われた。牛船とは牛とか荷物ばかりを運んどる船ですよ。」

いよいよ四国を巡り出すが、「歩いて歩いて、足がはれるほど」歩いた。宿には一度も泊まらず野宿ばかりだった。「信心で治りたい一心でね、一回目は真面目に回わったんですよ」。二回目を巡り始めたが、一向に病気は良くならない。ヤケになってきた。「他の人の話を聞いても信心で治るとは思えんし」。そのうち、バクチ打ちの〝親分〟のような人と知り合いとなり、その人の子分となった。人目の付かないところで賭場《とば》を開いて、そこで小遣い稼ぎをした。

病気も治らないので「もう、ヤケになりますからね」。お修行（門付けのこと。家々の門前で簡単なお経をあげて、小銭をもらうこと）をしても、病気とわかるほどの遍路なら「お通り」と言われてばかりだった。店に買い物に行っても、「極端な人は十能《じゅうのう》（火のついた炭を運ぶために柄杓《ひしゃく》の形をしたもの）を持ってきて銭を受け取るんですからね」。時には嫌がられるのを利用して、店頭のものをもらったりもした。

「すわり」もずいぶんした。お寺の参道に座って、銭をもらうことである。しかしそれは縁日の時だけなので、後はゴミ拾いをして仕切りやに売ったりして生活費を稼いだ。

自分で治療もしたけれども、信用していなかった。囲りの人をみれば、効き目が薄いことがわかったから。気休めのようなものだった。

子供にはよく、石を投げつけられましたよ。大人はそうまでせんですがね。一ヵ所に長くいると警察もうるさいからね。でも、その巡査の管轄から出ていくと文句は言わんのですね。親切な住民も結構いましたね。いっしょに酒を飲んだりしゃべったりしました。（三宅一志　一九七八）

YMさんは四年間四国にいて、昭和十八年に施設に入ったという。実家とは義絶したようである。彼がいなくなってから、実家は村の人びととの関係を修復したらしいと聞いたという。

もちろん病人遍路にはこれ以外の病いの者もいたわけである。こうした人びとが四国遍路から姿を消していくのは、申すまでもなく、戦後の福祉政策の向上によるのである。

ご利益を求める人びと

江戸後期の十返舎一九《じっぺんしゃいっく》が四国遍路の特徴として遍路者のご利益《りやく》信仰をあげていることは先に触れた。ハンセン病患者が四国遍路を巡ったのも、社会的に四国遍路においやられたという側面があったことはもちろんであったが、しかし病気が治るというご利益を求めた行動でもあったことは、今も見た通りである。

神仏を祈る動機として、具体的な効果や結果を直接願う、あるいは実際にそれが起こるということはしばしば見られる。ご利益は宗教でいう奇跡とも通ずることが多い。イエスもその生涯のうちに病気治癒など数多くの奇跡をもたらした。「目からウロコが落ちる」というのはイエスの奇跡の一つである。イエスがその弟子アナニアを遣わし、かつてユダヤ人を迫害した盲目のサウロの目を開かせたという奇跡を起こした。「するとたちどころに、サウロの目から、うろこのようなものが落ちて、元どおり見えるようになった」（「使徒行伝」第九章）。サウロとはパウロのことである。合理的な宗教と考えられがちなキリスト教ですら、奇跡は山ほどある。いわばご利益や奇跡は宗教にはつきものともいえる。ヨーロッパ近代においては、科学と宗教の対立が先鋭化した。それ以前において宗教界が自然科学の発展を阻止する側に立ったことが多かったこともあり、奇跡は近代においてきわめて否定的に捉えられることとなった。むしろ宗教そのものが非科学的とされる傾向も強かった。そうした反宗教、反奇跡の西欧文明を明治期に移入した近代日本も、その考えを基本的に継承することとなった。たとえば呪術宗教的行為を得意とした陰陽道は明治期には廃止されたのである。

ご利益や奇跡が近代の科学時代に否定されるのは、それが万人に納得いく形で客観的に証明できないからである。水素と酸素を二と一の割合で混ぜれば水ができるといった具合にはならない。ご利益や奇跡には客観性や妥当性、実験可能性がない。Aさんの病気は治っても、同じ病に悩むBさんにはその恩恵がないのである。宗教側からいえば「だからこそご利益だ」ということになる。しかし宗教にとっても、ご利益授与予測の不可能さはやっかいなものでもある。有り体にいえば、高僧には具体的なご利益がなくとも、何の変哲もない平信者に大変な奇跡が起きることがあるからである。

このようなご利益授与の不平等性、反予測性は、宗教の発展史過程で改革や分派の原因となってきたのである。神や仏の真正性の証明をめぐる議論にもなる。

不喰貝、不喰芋の伝説

実際に四国遍路は奇跡とご利益の園だったのであろうか。前近代の四国遍路のご利益信仰は科学的知識の欠如、無視といったものが大半であったのは事実である。つまり迷信として排除されてもやむを得ないものが沢山あった。

昭和初期に四国遍路を旅した雑誌『旅』の記者島浪男はその著書のなかで、四国遍路にある不喰《くわず》貝、不喰梨《くわずなし》、不喰芋《くわずいも》と呼ばれる迷信を批判している。ある修行僧（実は空海）が修行中にある村でそこの村人たちが食べていた貝（あるいは梨や芋）を所望した。ところが村人たちはそれをにべもなく断った。怒った大師はその貝を食べられなくした。それ以来その貝は喰えない貝（実は化石の貝）つまり不喰貝になったという。島浪男は、これはあまりに利己的な弘法大師イメージである。そしてなんでも有り難がる善男善女の無知を批判している。

さらに島浪男の遍路の数年後（おそらく昭和七年）に遍路を行った東京在住の随筆家宮尾しげをの遍路記には、その不喰貝を削って水に溶かして飲むと「ちょっとした病気ならすぐ直ります」といって、この化石の貝を泊まりの遍路たちに売り歩く遍路宿の主婦のことが述べられている。「お信仰の人達は有難がって買求める、こうした遍路たちは衛生もなにもない弘法さまであれば良いので、無茶苦茶である」と、宮尾をあきれさせている（宮尾　一九四三）。

このご利益話は二十七番神峯《こうのみね》寺の麓の遍路宿での話であるが、この不喰貝はかなり由緒のある伝説で、江戸前半期に二十数回にわたり四国遍路を巡り道標、道案内などの整備をした真言《しんごん》僧真念《しんねん》の『四国遍路道指南《みちしるべ》』（一六八七年）にもすでに触れられている。少なくとも二五〇年間ほど語り継がれてきた伝説であることがわかり、この継続時間の長さにはそれなりの感慨さえ覚えるが、島浪男や宮尾はきわめて批判的である。とくに島はこの手の迷信、ご利益話がよほど癇に障ったのか、その著書の最後で、四国遍路は旅行愛好者にもお奨《すす》めだといいながらも、これだけは申し上げたいと断りつつ、次のように述べている。

お四国の寺では何と荒唐無稽な物語が真《まこと》しやかに伝えられ、何と没常識的な慣習が厳然として行われ、何と摩訶《まか》不思議な御利益がぴんぴんとして生きていることだろう。……今までのように、愚昧の善男善女達を相手にしていこうというのならいい。しかし時代とともに馬鹿馬鹿しい伝説や、慣習や、御利益授与やの一切を抹殺し撤廃すべきだ。（島浪男　一九三〇）

島も宮尾も東京から四国遍路に出向いたのであり、伝統的な遍路のタイプとは異なる。

昭和初期にはこうした新しいタイプの遍路が四国遍路に出没し始めていたのである。当時ですら、こうした都会タイプの遍路者には受け入れがたいような伝説、迷信、慣習の世界が四国遍路にはまだまだあったのである。

かつての四国にはご利益譚があふれていた

ご利益や霊験《れいげん》を札所の売り物とした案内書はたくさん出版された。先に触れた真念の『四国遍路道指南』も同様である。時代が下って、昭和四十九年（一九七四）に四国八十八ヶ所霊場会が発行した『四国八十八ヶ所霊場記』と題する、二冊からなる霊場会発行の「公認」ガイドにも、各霊場ごとのご利益譚《たん》が豊富に掲載されている。「最新ドライブ地図付」と謳い、マイカー遍路時代を十分意識した出版であっても、ご利益はまだまだ四国遍路のアピールポイントだったし、また遍路へ出る人びととの強い動機づけであったことを示しているといえるのではないだろうか。

つぎに掲げるものは、二十七番札所の神峯寺《こうのみねじ》の書院に奉納されている絵馬額に書かれている霊験を受けた体験の一つである。神峯寺の本尊は観音である。

私儀七年前より脊髄（椎）カリエスにて病臥辛吟（呻）して居りましたが、その中観音利益を信じ日夜賞嘆して居りましたところ、本四国霊場巡拝を志し、夫繁治同伴のもと当山神峯寺参拝の帰路、急坂にて足転倒し、幽明の境も当山に於ける不測の事が明眸《めいぼう》となり、現在健康にて日々大師御利益の歓喜に浸って居ります。ここに観音大師の御利益を我身の喜びに表わし、報恩の徴《しるし》として奉納いたします。　合掌

昭和三十七年四月二十九日

愛知県尾西市　○　野　○　○

神峯寺の参道は急坂で土佐最大の難所の一つといわれている。この急坂で転倒したところが、そのことで永年患っていた脊椎《せきつい》カリエスが直ったというわけである。この種の霊験譚は四国のいたるところに見られる。霊験を求めて全国からさまざまな病気を背負った病人遍路たちが四国へやってきた。

実際に四国には次のような俗謡のようなものが伝えられている。

いざり立《たち》　目くらが見えたと　をしが云《いい》　つんぼが聞《きい》たと　御四国のさた

短い五七五七の句のなかに、可能な限りの差別語をちりばめたといえるようなもので、文字化に大変はばかるものであるが、四国遍路の伝統的「ご利益世界」をきわめて直截にを表現しているといえよう。高知県土佐清水の真念庵近く遍路石に書かれていた文言ともいわれている（喜代吉榮徳　一九九九）。

ご利益は、現代人にはアピール度低い？

現代における遍路たちにはこうした「伝統的」な動機をもって巡る人はきわめて少ない。奇跡あるいは不思議なことが起きないということではない。現在でもさまざまな奇跡があることはところどころで語られている。ただ「荒唐無稽な」迷信が、人びとを四国遍路に駆り立てるもっとも重要な動機とはなっていないという意味である。つまり、単純なご利益信仰が四国遍路の有力な意味づけとなっていないのである。最近の遍路アンケート調査でも、いまの遍路たちは、四国遍路実行を、ご利益などのように直接的に「社会生活上の目的達成や問題解決の手段として位置づける発想」を持っていないという結果が出ている。つまり「今日の四国遍路は、そうしたかたちで具体的なニーズを神仏の効験に求めるという感覚とは縁遠い」のである（長田・坂田・関編　二〇〇三）。

死のイメージと四国遍路

四国遍路と死の観念

昭和四十一年（一九六六）、歌舞伎界を引退した八代目市川団蔵（一八八二年生まれ）は、四国遍路を巡拝し終えたのち、小豆島《しょうどしま》経由で大阪へ向かう深夜の船上から海中に投身自殺した。遺体も発見されなかった。投身の動機は不明であった。しかし四国を死に場所と考えての覚悟の巡礼行だったのではないかと推測された。市川団蔵の芝居を私は幼少のころ親に連れられて観たことがある。すでに老齢の役者であったが、その演技は子供心にもなぜか印象深く、演目は忘れてしまったが団蔵の老婆役がいまでも目に浮かぶ。

また、平成七年（一九九五）一月の阪神淡路大震災のあと、亡くなった家族を弔うために四国遍路をめぐって歩く人びとの様子が報道された。四国は「死国」であるといった語呂合わせさえある。一〇年ほど前、伝奇ロマン小説家とされる直木賞作家坂東眞砂子《ばんどうまさこ》の『死国《しこく》』（一九九六年、角川書店）が映画化され評判になった。巫女《ふじょ》系の家に生まれたものの若死にした少女の霊が生者たちにさまざまな影響を与えるというモチーフである。高知が舞台であること、あてどない遍路を続ける人物が登場すること、四国遍路の逆回り（左廻り）は死の国への道といったメッセージが何度も語られること、など四国イコール死国といったイメージが濃厚に読者に植えつけられる。

空海の修行に始まる開創伝説には死のイメージはない。それにもかかわらず四国遍路にとりわけ死のイメージが濃厚なのはなぜだろうか。

最近まで、四国遍路を行うということは大変な難行で重大な決意を要することであった、という事実はまず知っておかなければならない。その札所の多くは、比較的歩きやすい海岸沿いの道に面してはいるものの、阿波《あわ》の焼山《しょうざん》寺（十二番）、鶴林《かくりん》寺（二十番）、太龍《たいりゅう》寺（二十一番）、土佐神峯寺（二十七番）、伊予岩屋寺（四十五番）、横峯《よこみね》寺（六十番）、雲辺《うんぺん》寺（六十六番）讃岐大窪《おおくぼ》寺（八十八番）などは山中に深く分け入る場所に位置し、その行程もかなり厳しい。

四国外からその遠大な巡礼に参拝することは、決して容易な営みではなかった。それゆえ、遍路中に行き倒れて他界した遍路者も珍しくなく、四国各地にその墓地が見られるし寺院過去帳《かこちょう》にもその記録が残っている。社会的弱者の多かった四国遍路では、道中での死者は珍しいことではなかった。すなわち、四国遍路は実際に死に直面する巡礼であった。こうした事実を念頭におきながら、さらに四国遍路と死とを結びつけた要因を探ってみることにしよう。

先祖供養・死者供養と札所寺院

まず注目すべき点は、死者供養、先祖供養と四国遍路との結びつきである。死者の冥福《めいふく》を祈るためあるいは追善《ついぜん》供養のために四国巡礼をする例は少なくない。平成十五年（二〇〇三）に公表されたアンケート調査でも、遍路動機のトップは「先祖・死者の供養」であった（長田・坂田・関編　二〇〇三）。

この数値からも、広い意味で先祖供養や死者供養のために遍路をする人が少なくないことは明瞭である。筆者が実際に見聞した例でも、自分の肉親の位牌《いはい》を持参して遍路をしているケースもあった。亡くなった両親、配偶者、子供などの追善のために四国遍路をする人はいまも少なくない。

「四国遍路の思想」の章で触れた平成十八年放映のＮＨＫ連続テレビドラマ『ウォーカーズ　迷子の大人たち』のなかでも死のイメージに触れられていた。一行のなかの教師夫婦は、引き籠もりで家庭内暴力の息子を持っていて、その解決糸口を求めて四国遍路に出ているのである。遍路中もなかなか息子との関係が改善されず、妻は心の病いも患っており、途中で夫婦は自殺を試みて、同行者に寸前に引き留められるというシーンがあった。現代の四国遍路においても、死とつながりの強かった伝統的な四国遍路観が厳然と生きているといえる。

この関連で見逃せないことは、四国遍路の札所のなかに、死霊、祖霊の集まる寺とされているところが少なからずあることである。この点について、讃岐在住の民俗学者武田明は、十ヵ寺をあげている（武田明　一九六九）。切幡《きりはた》寺（十番）、焼山寺（十二番）、鶴林寺（二十番）、太龍寺（二十一番）、最御崎《ほつみさき》寺（二十四番）、禅師峰《せんじぶ》寺（三十二番）、岩屋寺（四十五番）、横峯寺（六十番）、弥谷《いやだに》寺（七十一番）、大窪寺（八十八番）である。

これらの寺の中では、七十一番札所弥谷寺のケースがもっとも著名である。この弥谷寺を中心とする一帯には通称イヤダニマイリ（弥谷参り）という先祖供養、死者供養の風習があったという。葬儀が終わると、その遺骨や遺髪の一部を弥谷寺に四十九日忌までに納めるという習俗である。高野山を巡る納骨習俗に近似している。寺には納骨堂・位牌堂などがあり、先祖供養の寺としての歴史を窺うことができる。このイヤダニマイリは香川県在住だった民俗学者武田明により報告されて広く知られるようになった。

さて死だけでなく〈死と再生〉のモチーフは、伝統的四国遍路の世界観にも見られる。四国遍路成立伝説の一つに衛門三郎《えもんさぶろう》伝説がある。まずはその伝説の概略を紹介しよう。

死と再生のモチーフ

衛門三郎は伊予国浮穴《うけな》郡荏原の庄に住む豪族であった。彼は強欲な無慈悲者であった。ある日一人の旅僧が彼の家に行乞《ぎょうこつ》に立ち止まった時も、三郎は布施《ふせ》を与えないばかりか罵詈雑言《ばりぞうごん》を浴びせ旅僧を追い払った。しかも何度も行乞にくるので、怒った三郎は箒《ほうき》でその旅僧に打ちかかり、僧の鉄鉢《てっぱつ》を打ち割ってしまった。するとその鉢は八つのかけらに割れて飛び散った。三郎にはその時八人の子供がいたのであるが、その翌日から八人の子供が次々と他界してしまった。

さすがの三郎も子供たちの死には落胆し、自ら懺悔《ざんげ》して剃髪《ていはつ》し旅僧への無礼な振舞いを悔い、子供たちの菩提を弔いながら四国遍路を始めた。四国を順拝すること二十一度、三郎はついに徳島県にある十二番札所焼山寺の麓で身心共に疲労し行き倒れとなった。そこへ旅僧姿の弘法大師《こうぼうだいし》が現われ、三郎のすべての罪障はすでに消滅したのでそのうえはその願いを叶えてやる、と三郎に申し出た。そこで三郎は、自分は伊予の河野家の一門であるが、願わくば河野家の世嗣《よつぎ》に生れたいと申し出た。弘法大師はそこで衛門三郎と書いた小石を三郎の手に握らせ、そこで三郎は息絶えた。ところが数年後、掌を閉じたままの男子が河野家に誕生した。僧に祈願してその掌を開けてもらったところ、そこから衛門三郎と書かれた小石が出てきたのであった。

以上が衛門三郎伝説の大筋であるが、すぐにわかることは、この物語が死に続いて再生というモチーフをもっていることである。

さて、再生のモチーフについて見逃がすことができないのは、大師入定《にゅうじょう》信仰である。弘法大師の『御遺告《ごゆうごう》』のなかに、後世に弘法大師は弥勒《みろく》とともにこのように下生《げしょう》するつまり再生するという件《くだり》がある。『御遺告』に関する文献批判上の疑義はあるにせよ、信仰的事実として民衆のなかに深く浸透していった。高野山奥の院のご詠歌に「ありがたや高野の山の岩かげに大師はいまもおわしますなる」と唱われ、弘法大師は不滅でいまも衆生救済にたずさわっているという信仰である。「四国遍路の思想」の章で触れた同行二人《どうぎょうににん》の考えはこの信仰から派生したものであろう。

宗教儀礼と再生の観念

宗教学や人類学の成果によれば、人間社会の儀礼そのものにしばしば〈死と再生〉のモチーフがあるという。つまり成人式が子供の状態から成人の状態に変化するプロセスを持つように、また結婚式や披露宴が独身から〝一人前〟になるという過程であるように、巡礼においても人間は、巡礼前の状態から巡礼後の新しい人間に生まれ変わるというモチーフを持つ。巡礼をある状態から別の状態への〝通過〟と考えるのである。

この考えを四国遍路にも当てはめて考えてみよう。四国遍路には遍路者独自のスタイルがある。頭には菅笠《すげがさ》を被り、笈摺《おいずる》を着て手甲脚絆《てっこうきゃはん》を身にまとい、首から納札入（札ばさみ）を掛け手には金剛杖《こんごうづえ》を持つ。これが全体的には白を基調とした色調であるから白装束と呼ばれ、それはまた死装束であるともされる。仏式葬儀に死者がまとう衣装も遍路装束に似て僧の修行姿が基本であるから、両者が酷似していることは当然ともいえる。遍路装束は死装束であるから、遍路経験者が死んだ時その装束を着せて野辺の送りをする習俗も生まれる。

しかし遍路装束は単に肉体上の死だけを意味するに留まらない。それは、遍路者が持っていた、それまでの社会的地位などをも抹消する象徴的意義を持つ。これはユニフォーム一般が持つ意味に通ずる。共通の衣服を着用することで、社会的上下関係は目に見えにくいものとなる。また男女や年齢の差といった肉体的区別すら曖昧なものとなってしまう。菅笠は、顔の識別を不可能にする。このように遍路装束は、遍路者のそれまでの多くの外面的社会的特性からの〝死〟を生ぜしめる。このような装束で身をかためたのち、遍路者はひたすら四国を歩くことすなわち苦行をすることにより、さまざまな功徳をうることができるのである。多くの病人遍路者が四国を順拝するのは、病気からの〈死〉を求め、健康への〈再生〉を目ざしていることに他ならない。

現在の四国遍路では全遍路者が白装束に身を固め巡るわけではない。しかしそうした〝正装〟の巡拝の仕方こそ〝本物〟の遍路だとも強く主張される。本物の遍路こそ弘法大師の奇跡的はからいを受ける資格があるとされる。特別なそして強い祈願内容を持つ者ほど〝本物〟の遍路の形式を踏襲しようとする。すなわち一度象徴的に〝死ぬこと〟が、功徳をうけ〝再生する〟可能性が高いのである。

定年遍路と〝再生〟　このように、巡礼には構造的に死と再生の両方のイメージを内包していることがわかり、それは四国遍路にも内在しているものであると考えることができる。

現代の四国遍路は五十―六十歳代の人びとがその主流である。壮年から老年へという、定年を境とする人生の大きな〝地位〟の変化に対応し、その変化がもたらすさまざまな〝危機〟を乗り越えるために、その通過を無事にこなすための四国遍路であるという考え方もできるのである。

以上のように、伝統的に四国遍路が持っていた〈死〉のイメージは、遍路行の危険、社会的弱者の道中での死など、身体的死が多少とも結びついていた。また死者供養という伝統的な日本人の信仰姿勢も四国遍路と関連していたし、それは多少とも現在も生きている。

さらに象徴的な〈死と再生〉はもともと巡礼としての四国遍路に内在する観念であったが、現在の遍路者のなかにも読み取ることができるのである。

自分探し遍路と〝哲学的遍路〟

早坂暁と四国遍路

愛媛県に生まれ、幼少期より遍路と深い交流を体験してきた脚本家早坂《はやさか》暁《あきら》は、一九八〇年代に次のような文章を書いている。

ところが、この四国みちに、いま一大異変がおきている。まず、歩き遍路がふえていることだ。

戦後の車社会は、お遍路さんの大多数を車にのせてしまった。歩いてこその四国遍路だし、里を通り抜けてこその四国巡礼なのだが、十数年前は、歩き遍路の姿が激減した。

ところがバブル景気がはじけてから、歩き遍路の姿が、四国の遍路みちに帰ってきたのだ。

それも、若い人、四十代、五十代の人びと。

昔のお遍路さんは、ほとんどが高齢者といってよかった。六十歳代が大半であった。それが、四十、五十代の働き盛りの人たちが歩いている。また、二十代の若い男女。

——自分が何者なのかを、さがしたくて。

——大学へ行っているだけで、それでいいのか。

——自分に何が出来るのか考えたい。

この問いかけを胸にして歩きだした歩き遍路たち。

この遍路たちこそ、〝哲学的遍路〟と私は呼びたい。

千年の遍路史のなかで、やっと、哲学的な遍路があらわれたことを、私は喜びたいし、少しく誇りたいのである。いうまでもなく、これは日本社会の成熟と、ある種の頽廃を映しているのだが、私は、〝成熟〟のほうに希望を見出したいのだ。（早坂暁「日本の〝心調〟」）

〝哲学的遍路〟とは早坂暁独特の表現である。歩き遍路たち自身が自らそう表現したのではない。正直いって大げさすぎる表現なのかもしれない。哲学といえば、つい、ソクラテス、プラトン、アリストテレス、カントなどが思い浮かぶからである。

反文明と現代遍路

この早坂に共鳴した歩き遍路者に『四国遍路』（二〇〇一）を書いた辰濃和男《たつのかずお》がいる。この書物も出版されてかなりの反響を呼んだ本である。いささか異色の遍路体験記である。札所紹介などは付けたりである。筆者のいわば〝哲学的〟経験がメインである。彼の書物の一節を紹介してみよう。自問自答のような語り口が本全体にみなぎっている。

（豪雨のなかを歩く）自然の精髄をとらえるのに大切なのは、風の強さ、雨の冷たさをじかに体にしみわたらせることだろう。背や腹に雨をしみわたらせ、濡れるにまかせる。すると、自分自身が嵐の風景の一部に化す感覚がでてくる。自然の精髄はアタマの働きを極度に抑え、脳にこびりついた「さかしらごころ」の出番を抑制したとき、いままで聴こえなかったものが聴こえ、見えなかったものが見えてくる。かつての縄文人が聞き分けていたであろうさまざまな風の声、さまざまな波の声を耳がとらえるようになる。暴風雨は、森を思う存分に荒らしながら、一方で、山に大雨の恵みをもたらす。それが大自然の営みだということが肌でわかってくる。

（雨にあたることで）自分のなかのこずるさ、うぬぼれ、競争心、夜郎自大といった汚臭を放つこころの垢が少しずつ洗い落とされてゆくような気分になる。

「暁の月、朝《あした》の風、情塵を洗う」（星野注、出典は『性霊集《しょうりょうしゅう》』「山中に何の楽かある」）。

空海《くうかい》の言葉だ。情塵は心の汚れのことであろう。お大師さんは、暁の月、朝の風に洗われたこころで月を見、風を感じ、そこに大日如来《だいにちにょらい》の霊性を見たのだろう。大日如来は宇宙の生命の根源だ。私には、その姿が宇宙にみなぎる大自然の営み、原始の生命力と重なってくる。いってみればそれらは、近代の技術文明が総力をあげて押しつぶしてきたものなのだ。

近代人の、衰弱しつつある太古の生命力をどうやってよみがえらせるか。宇宙に感応できる自然力を得るにはどういう営みが必要なのか。その営みを一つの動詞で表すとすれば「融和する」になるだろう。四国の天地はそのまま大自然に融和するための道場で、この道場巡りにおわりはないが、その営みをへて、ほんものの人生が育ってくるのだと思いたい。

へんろ道はまた、私たちが生きてゆくうえで「歩く」という動詞がどれほど大切なことかを教えてくれた。人間を中心に据えるのではなく、自然を中心にした融和を体得するには、ひたすら歩くことが必要だった。歩きながら、こころを解き放つ機会を多くもった。自然に溶けこむためには、こころを解き放ち、五感を全開させることが大切だった。そういうことを路上で日々、学んだ。車椅子で札所を回る人もいるし、目の不自由な人もいる。病弱な人もいるだろう。どういう形の移動にせよ、人びとは修行のはてに、自然に溶けこみ、こころを解き放つ機会を多くもつ。それがへんろ道なのだ。四国路にはさまざまな人を包みこみ、よみがえらせてきた歴史がある。

つまり、四国遍路には近代文明が否定したり軽視してきた大切な価値が内包されており、四国を実際に歩むことで、人間はその大切な価値を身体でもって確認することができるのだということである。近代文明の行き詰まりのなかで、「自分というもの」「人生というもの」を再確認したいと歩き遍路が増えているということである。

自分見直し願望と歩き遍路

私もかつて歩き遍路の体験談を分析したことがあるが、個人的な思いとか問いがしばしば表れるのがその特徴であった。

長田攻一《おさだこういち》らの歩き遍路に関するアンケート調査においても遍路に出たきっかけを問うと、その回答には車遍路などとは際だった特徴が見られたという。その特徴は、「歩いてみたい」「歩いてみたかっただけ」「歩くため」「一人歩きをしたい」「歩く楽しみを味わうため」というように、歩くことそのものが動機となっているものや、また、「自分のために、一人になって自分を考える」「思索」「自分を見直してみたい」「自分自身の証明」というように、歩くことによる自己確認をその動機とするものが多かったのである。「徒歩遍路者たちのこれらの動機も、車社会化、都市化、利便化、リスク社会化といった言葉で特徴づけられる『現代』の優先価値への抵抗として考えることができる」という。歩き遍路は反現代文明的側面を持つ。他方、同調査によれば、歩き遍路たちは、信仰とか修行といった伝統的な遍路行為へはあまり関心を示さない。「歩く」ことの意味の大きさに凌駕される傾向があるのではないか、という。

むしろ信仰とか修行という動機を示す遍路は団体の車遍路、バス遍路に多いという指摘は以前よりある。それは先達というような案内役が団体を指導し、日々そうした宗教的意味づけを遍路に教えたり植え付けたりするからである。ここに、バス遍路、車遍路は〝なまくら〟遍路、観光遍路であり、歩き遍路が本物の遍路だとは言い切れない面白さがある。（長田・坂田・関編　二〇〇三）

確かに私がインタビューした人びとあるいは遍路体験記を出版している歩き遍路たちを見ても、「自分が遍路に出た動機は信仰ではない」とわざわざ断る人が沢山いるのは非常に興味深かった。ただし、数十日の行程を一生懸命あるいていると広い意味での〈宗教的なもの〉、〈スピリチュアルなもの〉を感得する人も少なくないし、四国遍路を歩いて完遂した体験が、のちの人生にかけがえのない意味を持つようになったと述懐する人も少なくないのである。

辛口の調子で現代遍路を論じている遍路体験者大野正義は、現代遍路の類型化を試みている。そのなかで最近は遍路がさまざまに持ち上げられていて、中には増長気味のタイプもいるという。その責任の一端は「マスコミにあると私は思っています。歩き遍路は苦しいけれど尊い行為であるとかお遍路は四国の人たちに大切にされるといった側面ばかりを過剰に喧伝しすぎた」からであるという（大野正義　二〇〇七）。

歩くことの厳しさが前面に出ることによる「ガンバリズム」が最優先してしまうことは確かにありうる。札所が、団体を優先して歩き遍路を蔑《ないがし》ろにするという批判は歩き遍路に少なくない。歩き遍路は、遍路宿で個室確保を固執するという宿側のこぼし話もある。仏教の修行が「我」の抑制を最大の目的としているのであれば、そうした態度はいささか仏教の行を外れる態度といわれかねない。

いまや年間五〇〇〇人はくだらないといわれるほどの数の歩き遍路がある。江戸時代の遍路は皆歩いたが、彼らは自宅から歩いた。今の遍路は一番札所から歩く。かつての歩き遍路は貧困の代名詞であった。現代の歩き遍路は一日一万円は必要とする。四〇日間四〇万円以上である。バス遍路の二―三倍の費用である。歩き遍路は現代の遍路でもっとも贅沢な遍路である。そして長田らがいうように、現代の歩き遍路は自ら歩くことを主体的に選んだ遍路であるのに対して、過去の歩き遍路は選択したスタイルではなく、それ以外に生きる方法がない遍路だったという大きな違いがある。いまの歩き遍路はいろいろな意味できわめて現代的である。

何度となく四国を巡る人びと

錦の納札は誇りのみなもと

すでに、四国遍路にはリピーターが多いことを指摘した。テレビドラマ『ウォーカーズ　迷子の大人たち』のなかで、一行の案内役（先達）をかってでる坂田という男が、一行に「俺の納札《おさめふだ》は錦の納札なんだ」といって自慢をする場面が出てくる。一〇〇回以上遍路をした人に許されるのが錦の納札なのである。

納札とは各札所《ふだしょ》で遍路が納める小さな紙札であり、自らの住所、名前、祈願内容などを記したものである。かつては木札でそれを札所の柱、天井などに打ちつけて巡礼したという。そこから、巡ることを「霊場札所を打つ」という表現が出てきたのである。また道中で接待などを受けた時に、返礼として納札を渡すという習慣もある。その納札を大切に保存して火除けのお守りとするという民間信仰も生まれた。巡礼研究者のなかには、木の納札、あるいは地元民家の天井裏などに大量に保管されていた納札を整理して、昔の遍路の実態を明らかにしているケースもある。

さて、その納札は巡拝回数別に色分けされている。時代によってその色基準もいろいろあったようであるが、現在では、一回—四回は白色、五回以上は青（緑）色、七回以上は赤色、二五回以上は銀色、五〇回以上は金色、一〇〇回以上は錦色となっている。錦色の納札は受け取る側にとっても大変ありがたいものとして、大切に保存されるようである。『ウォーカーズ』で先達が自慢するのもむべなるかななのである。

このように数多く巡拝することを「多度多拝」信仰と呼ぶ研究者もいる（佐藤久光　二〇〇四）。とくにこれは四国遍路に盛んな信仰で四国の特色の一つとされている。なぜこうした巡礼者が四国にとくに多いのか。これには単に接待文化との関連だけでなく、四国住民の〝ホスピタリティ文化〟全体、あるいは四国住民の弘法大師《こうぼうだいし》信仰というか文化英雄としての弘法大師への想いといったものとの関連で考える必要があろう。

「重ね印」と多度数巡拝

さて、どのようにして回数を数えるのであろうか。客観的な判断基準はなにか。これは納経帳に記された朱印の数が根拠である。遍路は札所に参拝するとその証しに本尊印をもらう。納経帳というのは、遍路がまず写経を札所に納め、その印として本尊印をもらったことに始まる。後述するように、生涯で二八〇回四国遍路を巡ったという中務茂兵衛《なかつかもへい》の納経帳は各頁ごと真っ赤になっていたという。それも数冊に渡っているのである。最初の納経帳の上に印を重ねて押してもらうのであり、これを「重ね印」と呼んでいる。「重ね印」で真っ赤になったというわけである。

中務茂兵衛は弘化二年（一八四五）、山口県周防《すおう》大島に生まれて、大正十一年（一九二二）高松市の在俗信者宅で死去した。その時に二八〇回目の四国遍路の途中であったというので、完遂した度数は二七九度ということになる。多度数遍路者の代表的人物が中務茂兵衛であるが、多度数遍路者の歴史は古く、喜代吉榮徳《きよよしえいとく》の研究によると、すでに中世末の天正十五年（一五八七）に七度を記録した行者がいたという記録があるという（喜代吉榮徳　一九九九）。

四国遍路の民衆化に大きな力があったという僧侶に真念《しんねん》という僧侶がいる。遍路中興《ちゆうこう》の祖とさえ言われる人物である。彼は二十回前後巡ったと伝えられている。彼は一七世紀後半の人である。生国は不明であるが、元々は高野聖《こうやひじり》で、全国の山野を歩きながら修行する下級僧侶であった。徳川幕府の政策で、高野聖のような遊行的僧侶への規制が厳しくなり、活動が制限されるようになった。そこで真念は高野山を下り大坂の寺嶋で暮らしていたが、弘法大師への信仰やみがたく、四国遍路の整備と宣伝に生涯を尽くしたという。

真念が貞享四年（一六八七）に書いた『四国遍路道指南《みちしるべ》』は、各札所ごとに場所、本尊、巡礼歌、順路等あり、また遍路宿など宿泊施設も記載されているといった具合で、後世の遍路案内記のモデルとなったものである。これ以降、多くの遍路案内記がまねて刊行されるようになった。真念は、遍路たちが道に迷うことが多いのを見て、石造の道標（標石）を各地に建立した。それは二〇〇余基といわれているが、時代も経過しているため、確認されているものは現在二〇基前後である。真念の没年は元禄期前半ではないかと推測されている（頼富本宏・白木利幸　二〇〇一）。

多度数巡拝番付もあった？

真念の後も多度数巡拝者は数多く出てくる。明治二十八年（一八九五）頃には、徳島県二一番札所関連の大師堂に「四国数度巡拝人額面」という額が奉納されていたという。つまりいわば「多度数巡拝者番付」ともいえるようなものである。その奉納額自体は今では失われているが、その内容を写したという記録が現在に伝えられており、それが喜代吉榮徳によって紹介されている（喜代吉榮徳　一九九九）。

一番は一九九度巡ったという信州戸隠中村の行者光春という人物であり、それ以降一〇〇度以上が七名。このなかには当時は巡拝継続中の中務茂兵衛が一三七度で三番目となっている。ついで一〇〇回未満五〇回以上が一四名、五〇回未満二一度以上が四五名、二〇回以下七度以上が二一一名とある。時代的にはいつ頃以降からの遍路を対象にしているのか、回数の判断は誰がどこで確認したのか、細部は全くわからないのであるが、記載されている人びとのほとんどが姓と名が揃っているところを見ると、近代以降のことであろうかとも考えられる。いずれにせよ、数多くの多度数巡拝者がいたということになる。

現時点では、史上、巡拝度数のもっとも多い遍路は、先に触れた中務茂兵衛である。中務の実家は、幼少時代は大地主であったという。中務家の次男だったようで、青年期に恋愛問題で家を出たという話もあるが、確認できない。二十二歳の時に出奔《しゅっぽん》し、四国へ渡り巡拝を開始する。そのうち、七十六番札所金倉寺《こんぞう》住職の弟子となり、天台宗系の修験《しゅげん》大本山聖護院《しょうごいん》から度牒《どちょう》（僧侶の戸籍にあたる）を得て、僧侶の資格を得る。その後も彼は相変わらず巡礼をし続けることになるが、四十二歳の明治十九年遍路八八回目を記念として、遍路道に彼としてははじめて道標を建てることになる。その後、各地に道標を建立し続けた。真念の時代とは異なり、中務茂兵衛の場合は近代のことであるから、彼の建てた道標は今の時代にも各地に残っている。

その道標には、次の札所の名称、方角などが刻まれているのであるが、同時に施主、願主の名前などが刻まれている。加えて句や歌をも刻んだ道標も多く発見されている。「施主」とは建立の費用を負担した人と考えてよいが、それには特別に富裕な家筋の人ばかりでなく、一般庶民も多いという。彼はまた『四国霊場略縁起・道中記大成』という案内記を明治十六年に出版している。真念の案内書をモデルにしたものである（鶴村松一　一九七八）。

中務茂兵衛の遺品の中には彼の日誌などもあり、実際に歩いた日々の様子がよくわかる。老年になってからは、鉄道や馬車を利用している。一ヵ所に何日も逗留することは頻繁であった。それは札所の場合もあるし一般の家の場合もある。彼には信者ネットワークがあったのであろう。鶴村松一は「茂兵衛はたんなる遍路ではなく、住職の資格を持ち、念仏行者として、遍路中各地で祈禱もして、謝礼も多く、独力で建立できた」といっている。彼は天台宗系の修験者としての資格を持っていた。つまり彼は遍路をしながら、各種のご祈禱を望まれるままに施していたようである。鶴村によれば「彼はたんなる乞食坊主ではなく、誠の信仰者であった。遍路中は、長さ一メートルの、土佐の珊瑚《さんご》の大珠数首からかけていた」という。その大数珠は遺品としていまも伝えられている。つまり中務茂兵衛は単なる遍路という以上に行者だったのである。

四国遍路と非僧非俗的行者の貢献

中務茂兵衛は正式の度牒も有していた僧侶であるが、平たくいえば「四国遍路で修行している行者さん」である。四国遍路にはいまでも行者風の遍路がいることが噂されている。とくに多度数巡拝者は、行を積んでいるということから一種の法力を身につけているのではないか、という期待を持たれる場合もある。なかにはその期待を利用して、民間的な祈禱行為を行う場合もある。札所や霊場側も非正規僧あるいは下級僧侶である彼らを必ずしも歓迎はしないが、広大な聖空間のなかでコントロールしにくい。

真念あるいは中務茂兵衛といったような遍路者、あるいは先の「多度数巡拝者番付」に載せられているような熱心な行者風遍路者が、四国遍路の長い歴史を具体的に支えてきたことは確かである。札所寺院は長い遍路道にまでなかなかその影響力を及ぼすことができないのであり、そうした意味で非正規僧的存在、行者的存在が四国遍路で果たしてきた役割を過小評価してはならないと思う。聖と俗を結ぶ存在として、非僧非俗の存在の重要性はどのような宗教活動にも当てはまるものである。

四国遍路の接待文化

遍路道を外れた遍路たち

遍路は歩かな食えぬ？

四国遍路は弘法大師《こうぼうだいし》ゆかりの八十八の札所《ふだしょ》寺社をめぐる巡礼である。そして、遍路とは弘法大師に祈るために歩く人びとである。そんな私たちの「常識」を覆すのが、「いやよ母さん」という愛媛のわらべうただ。

いやよ母さん、守奉公いやよ、
お主ににらまれ、子にいじめられ、
人には楽なよに思われまする、
いいいいいいいいいい
遍路と守とは歩かな食えぬ、
歩き止めたら食えらせぬ。（北原白秋　『日本伝承童謡集成』第一巻子守唄編）

遍路が巡る存在であるならば、四国の人びとは巡られる存在である。彼《か》の地に四国遍路という巡礼があるがゆえに、彼らは好むと好まざるとに関わらず、遍路がやってくる日常を生きているのだ。弘法大師の霊場を巡拝する宗教的旅人であるはずの遍路を「食う」ために歩くと歌いついできた彼らの心性に触れたとき、私はフィールドワーク（現地調査）で直面していた二つの疑問が共鳴するのを感じた。なぜ、札所でも遍路道でもない場所にも遍路の足跡が残されているのか。なぜ、遍路についての語りに「ヘンド」という謎の言葉が持ち込まれるのだろうか。そこに垣間見えるのは、いわば、もう一つの四国遍路世界というべきものである。本章ではその様相を四国遍路の巡礼者歓待習俗「接待」をキーワードに描き出してみたい。

「遍路」と「八十八ヵ所」

私たちは、通常、四国遍路と四国八十八ヵ所を区別せずに使っている。だが「遍路」と「八十八ヵ所」は、歴史的に異なる出自を持つ言葉である。「遍路」（かつては辺路と書いた）は、一三世紀から一五世紀頃から散見される。後白河《ごしらかわ》天皇の撰による今様集《いまようしゅう》『梁塵秘抄《りようじんひしよう》』に、「我等が修行せしやうは、忍《にん》辱袈裟《にくけさ》をば肩に掛け、又笈《おい》を負ひ、衣はいつとなくしほたれて、四国の辺地をぞ常に踏む」（佐々木信綱　一九四二）と詠まれた辺地修行の系譜を引く、中世的な言葉である。これに対して、「八十八ヵ所」の初見は一七世紀と新しい。現在、明らかになっている範囲では、寛永八年（一六三一）の『せつきやうかるかや（説経刈萱）』（しやうるりや喜衛門版）の「高野の巻」に、「四国遍路《へんど（ママ）》は、八十八ヵ所とは申すなり」（荒木・山本編　一九七三）とあるのが初見である。「八十八ヵ所」は巡礼の対象となる寺社、すなわち札所群をさすが、その全容は貞享四年（一六八七）の『四国遍路道指南』によって明らかになる。したがって、「八十八ヵ所」は、札所の確立を前提とするより近世的な言葉なのである。

にもかかわらず、現在の私たちが「遍路」と「八十八ヵ所」をほぼ同義語としていることは、巡礼の全体像を札所とそれらをつなぐ遍路道を中心に把握していることを示唆する。だが、それによって見落としている部分もあるのではないだろうか。私自身、このことに気がついたのは、現地調査を開始して間もなくの頃、当時の私の常識では理解しがたい地域に遍路の足跡が刻み込まれているという事実に突き当たったからである。そのことを教えてくれたのは、「過去帳《かこちょう》」と呼ばれる資料であった。

過去帳は語る

私は徳島の出身である。実家は真言宗の寺院で父はその住職だ。彼もまた、小高い山の中腹に立つその寺に生まれ育った者である。私が四国遍路の研究に着手した直後のことである。その父が私に面白いことを言った。「遍路なら昔はうちにもたくさん来ていたぞ。過去帳にも載っとる」。

過去帳とは寺院が持つ死者の記録である。本来は檀信徒《だんしんと》を対象とするが、まれに旅人などの外部者が記録されることもある。たとえば遍路だ。確かに寺の過去帳には、当地で客死した遍路が、江戸期から明治期にかけて二〇例ほど記録されていた。昭和十九年（一九四四）生まれの父の記憶では、彼の少年期にもしばしば遍路がやってきたのだという。祖母や伯父、伯母の記憶を重ねあわせると、祖父母が寺に入った昭和初期から昭和三十年代頃まで、このような状況があったということになる。

　この事実はとても不思議で興味深い。なぜなら遍路がこの寺を訪れることは「常識」的にはあり得ないからだ。そこは四国遍路の札所ではない。番外札所と呼ばれる八十八ヵ所の以外の巡礼対象でもない。四国遍路の巡礼路を遍路道というが、その沿線にあるわけでもない。そんな場所に刻み込まれた遍路の足跡はいったい何を意味するのであろうか。そんな問題意識から、私は近隣の寺院の過去帳を調べてまわった。二〇〇年以上も前のものから比較的最近の事例まで、夥しい死の記録と向きあい、その中から「遍路」と記された客死《きゃくし》者を探し出す。それは想像以上に心身にこたえる作業であった。

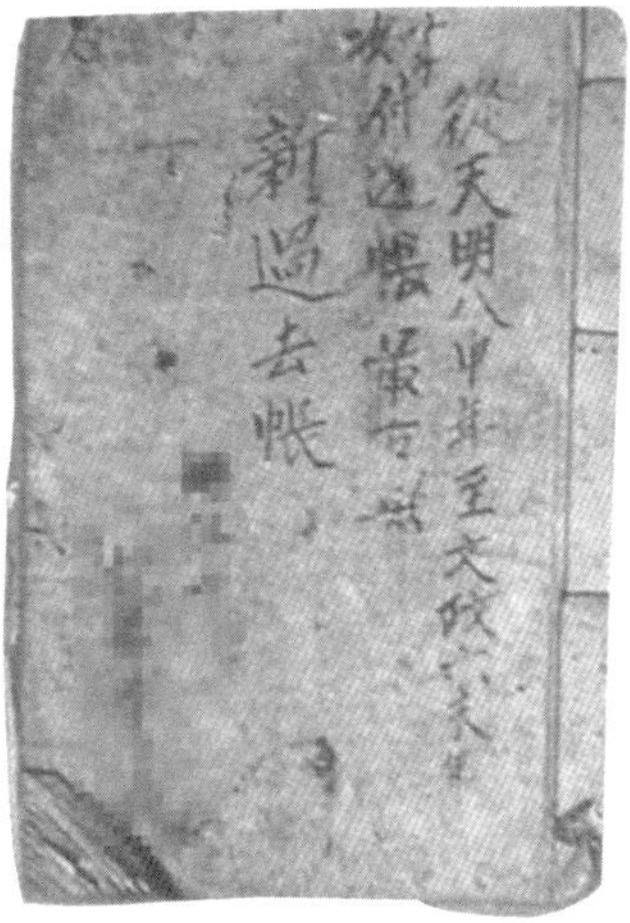

図6　過去帳

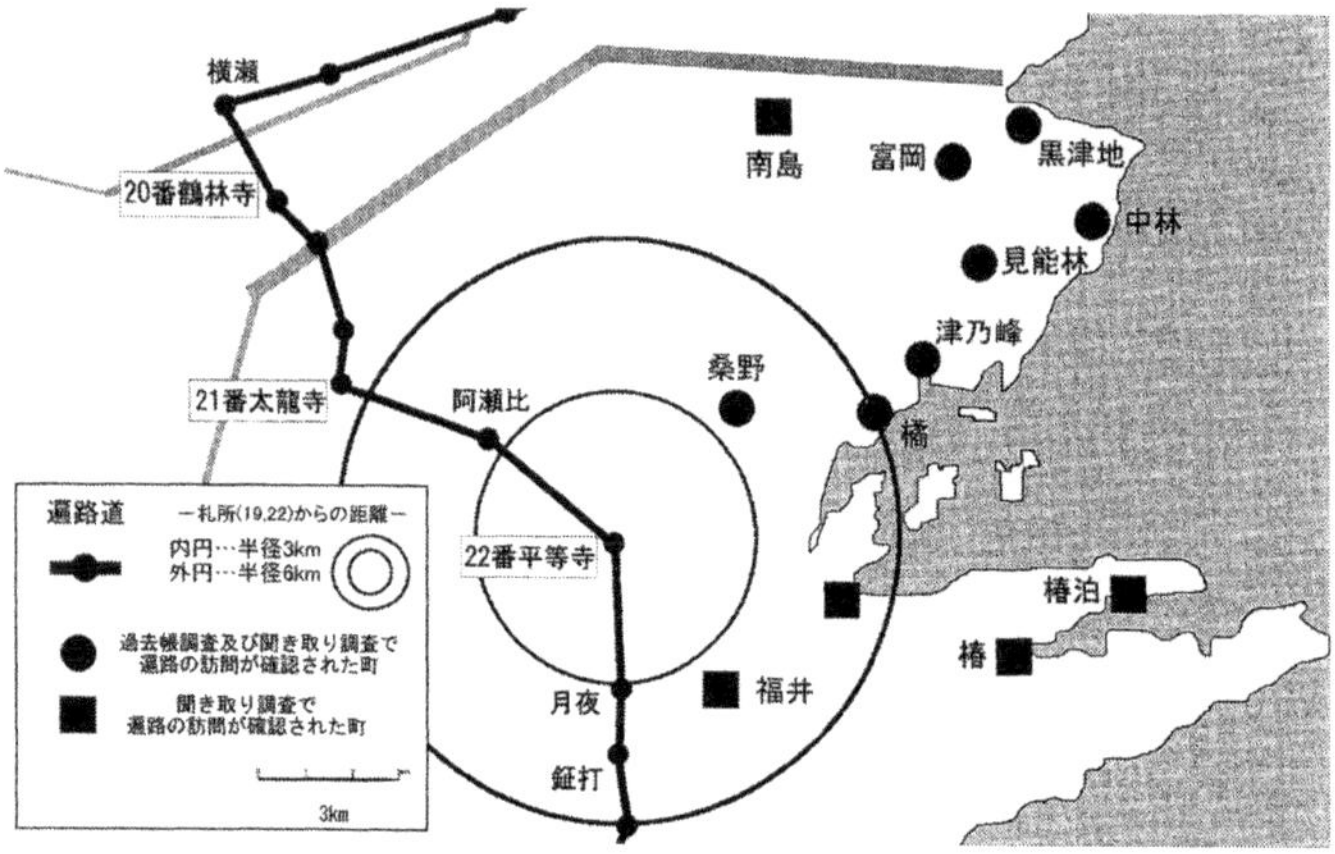

図7　遍路道をはずれた遍路たち

遍路道を外れた遍路たち

四国東端に位置する徳島県阿《あ》南《なん》市は、二十一番太龍《たいりゅう》寺と二十二番平等寺という二つの四国遍路の札所を持つ。札所の位置関係から、この地域では遍路道が西側の山間部に湾曲している。東側の平野部や半島部には番外札所もなく、四国遍路の案内記には、今日に至るまでほとんど登場しない。すなわち、ここは遍路道から外れた地域なのである。

この地域で、私が確認した客死遍路は近世後期から明治初期にかけての一〇〇年間で一〇〇例を超える。図7は、この地域における遍路の足跡が確認された場所を現在の町名で示したものである。図中の●印は過去帳と聞き取り調査から確認できたところ。同じく■印は分析できる過去帳がなく聞き取りのみで確認できたところだ。図中の二つの円は平等寺からの距離を表す。内側が半径三キロ、外側が半径六キロである。もっとも近い札所は平等寺だが、そこから六キロ以上離れた場所でも、遍路が巡ってきた記録や記憶を持つことが明らかになったのである。

不可解ではないだろうか。遍路の目的が札所巡拝ならば、わざわざ遍路道を外れる必要がどこにあるのだろうか。寄り道は、時間も、資金も、体力も浪費する。後述するが、時と場合によっては処罰の対象となることもあった。どうしてそんなリスクを冒してまで、彼らは遍路道から外れ、札所のない周辺地域まで足を伸ばしていったのであろうか。ここで注目したいのが、四国遍路に独特の慣習とされる「接待」である。

接待と乞食圏

接待――四国遍路の巡礼者歓待習俗

接待《せったい》は四国遍路の巡礼者歓待習俗である。私たちは客をもてなすことを広くそう呼ぶが、ここではそうした一般的な意味ではない。時に汚職などと絡んで新聞紙面を賑わすような、官僚や得意先との飲食を指すものでもない。仏教的な布施《ふせ》行の思想から旅人に湯茶や食事を振る舞う儀礼的習俗に、接待、報謝、「ふるまい」などと呼ばれるものがあり、むしろそれに類するものである。四国遍路の場合には、主に地元の人びとが遍路に金銭や飲食物などを施す習俗として定着しており、しばしば「お接待」と丁寧語で表現される。接待で施与されるものは物品に留まらない。散髪や按摩《あんま》、鍼灸《しんきゅう》といったサーヴィスも含まれる。時には宿泊場所が提供されることもある。善根宿《ぜんこんやど》といって、特に価値ある接待とされている。

なぜ人びとは、巡礼者に接待するのであろうか。功徳《くどく》を積むためというのが、伝統的あるいは教義的な説明である。功徳とは、仏や菩薩そして四国遍路の場合はとりわけ弘法大《こうぼうだい》師《し》の霊力によって与えられる果報や福徳を獲得するための善行である。この超人間的な存在や力によってもたらされる果報や福徳を利益《りやく》（しばしば丁寧語で「ご利益」）という。つまり、人は利益を得るために功徳を積むのだ。

接待が功徳につながる論理は複雑で重層的だ。極論をいえば、他人に施しをするという利他的な行為自体が善行である。さらに巡礼者、とりわけその背後にある弘法大師に対して善行を行うことは、巡礼者が持つ功徳（弘法大師の遺徳を偲んで巡礼することも善行である）を分けいただくことになるし、確かな霊力・呪力を持つ弘法大師への施行《せぎょう》は、より大きな功徳を積むことになると考えられる。さらに、接待者は接待を通して、巡礼者に自らの代理参拝を依頼することもある。したがって、接待は二重三重に入り組んだ回路を通じて、複層的に功徳を積むことができるような論理づけがなされているのである。

接待と乞食

文化人類学者のマルセル・モースが指摘したように、贈与はしばしば返礼を伴う（モース　二〇〇九）。接待の場合、一般的には納札《おさめふだ》が返礼として接待者に渡される。その他、要望によっては、仏壇で読経《どきょう》したり、巡礼の証しである納経帳や弘法大師の象徴とされる金剛杖《こんごうつえ》で加持《かじ》・祈禱《きとう》したりすることもあるという。つまり、巡礼者と接待者の間には、呪物や呪力といった宗教的なものと、財・サーヴィスといった経済的なものの交換が成立しているのである。巡礼者から接待者に渡される宗教的なものは、接待者が求める功徳につながる。一方、接待者から巡礼者に渡される経済的なものは、巡礼者にとって直接的・間接的な旅の資金援助となる。この関係が逆転することもある。たとえば、讃岐の和三盆《わさんぼん》糖は接待を受けた薩摩（奄美大島）の遍路が、世話になった返礼として国禁を犯して伝授したという伝承がある。

この接待と同じ構造を持つのが乞食《こつじき》あるいは托鉢《たくはつ》、行乞《ぎょうこつ》といわれる行為である。乞食もまた仏教的な論理を背景に持つ。モノを乞うことは、自らを劣位におくことであり、六《ろく》波羅蜜《はらみつ》の忍辱《にんにく》の実践と捉えられる。同時に、乞食を行うことは布施の機会をつくりだすことであり、衆生救済を実現することにもなる。乞食・托鉢は、仏教者や巡礼者側からの働きかけによる功徳と金品の交換である。どちらがイニシアチブをとるのかという点が違うだけで、交換の構造自体は接待とほぼ同じである。乞食・托鉢は接待を求める営みともいえよう。

四国遍路においては、乞食・托鉢を「修行」と言い換えて、巡礼の価値を高める要件とする考え方も伝統的にある。たとえば、天保七年（一八三六）に遍路した後の探検家、松浦武四郎は、托鉢をする遍路を「上遍路」、托鉢をしない遍路を「中遍路」、他人に荷物を持たせる遍路を「下遍路」と差別化していることや、信心のある遍路は托鉢してまわるために、通常よりも日数を要することを紹介している（松浦　一八四四）。現代のガイドブックにも「昔から、遍路は、『ご修行』といって道中の托鉢（行乞ともいう）が義務であった。遍路は一日に三戸あるいは七戸の家の門口に立って物乞いをしなければならないとされた」という記述や托鉢の仕方が紹介されている（宮崎建樹　二〇〇四）。

いずれにせよ、四国遍路の接待や乞食・托鉢は地域社会からの無償の贈与に留まるものではない。弘法大師の霊力・呪力を源泉とする利益を媒介に、さまざまなやりとりを生み出す交換関係である。そして重要なことは、仏教的な功徳の概念を核に持つ宗教的な実践であると同時に、巡礼者が巡礼者として旅を続けることを可能にする資源、極言すると人間が生きる糧を獲得するという経済的な面を不可分に持つことである。

遍路として生きる人びと

こうした宗教と経済の不可分な二面性が産み出したのが、「乞食遍路《こじきへんろ》」などといわれる遍路として生きる人びとの存在である。古代、中世、近世と多くの巡礼資料を読み込み、一三〇〇頁を超える大著を残した歴史学者の新城常三《しんじょうつねぞう》は、次のように接待が貧者や病人などの生活困窮者を遍路として生きることを可能にしたという見解を示し、それが四国遍路に特徴的な社会的現象であったと指摘した。

> 江戸時代の参詣者群の中に、乞食の類の存在を軽視することができない。……乞食の類は、四国遍路において最も顕著であり、……これは遍路特有の接待の慣行と深い関連を有するものでなければならない。
>
> 一般参詣界では、参詣者が一方的に参詣社寺・地元及び沿道住民を経済的に利したが、遍路においては、全く逆で、遍路が四国路に経済的に裨益《ひえき》することは極めて寡《すくな》く、一方的に、四国住民が遍路に与うるのみであった。これこそは日本の参詣界に例を見ぬほとんど唯一の現象であった……広域にわたる多数民衆の善意と愛とが、遍路の永い歴史を支えていたのである。（傍点は引用者による。新城　一九八二）

また、近世の西国《さいごく》巡礼と四国遍路の比較調査を行った社会学者の前田《まえだ》卓《たかし》は、日本全国を大飢饉が襲った天保年間（一八三〇―四三）において、西国では巡礼者が激減したが、四国ではむしろ増えているという興味深い指摘を行っている（前田　一九七一）。一般論としては、社会情勢が不安定になると、旅は低調になると考えられる。事実、当時の日本を代表する巡礼であった西国の場合、それに合致したデータが残っている。しかし、四国遍路ではむしろ逆の結果が示されているのである。私の過去帳調査においても、遍路道をはずれた地域で死亡した客死遍路の数が最大なのは、天保の大飢饉を含む文政四年―天保十一年（一八二一―四〇）の二〇年間であった。大飢饉という負の社会状況は、どのように人びとを四国遍路へと方向づけたのであったのだろうか。

『小梅日記』の記述から

天保の飢饉と四国遍路との関連を示す資料に『小梅《こうめ》日記』（和歌山県史編さん委員会編　一九八〇）がある。紀州和歌山に住む下級武士の妻であった川合小梅が書き残したこの日記の天保八年（一八三七）の記録を見てみたい。

大晦日に「この年は大凶作の年であった。多くの人が死んだ」と総括されることになるこの年の三月八日、森屋庄助という人物が川合家を訪れ、大坂に就職活動に行くので旅費を貸して欲しいと申し出た。川合家では要望に応え、庄助に金を与え、昼飯をふるまった。二〇日余り後の四月一日、庄助は再び川合家にやって来た。残念ながら、大坂での奉公は失敗に終わったのだという。かくなる上は、「祈願したいこともあるので四国遍路に行く。ついては道中の旅費と食料を与えて欲しい」と訴える。川合家では、庄助に金銭と米を与え、茶漬けをふるまって送り出した。庄助が川合家を後にした翌日、小梅は「身分の低い者、病人や乞食などが四国へ出るのを見聞きすることは哀れこの上ないことだ」と記している。庄助のその後の消息については語られていない。彼がどのような人物であったかについても不明である。ただ、記述の内容から、川合家に縁のある人物で、生活に困窮していたことは確かである。

川合小梅が書き残したように、当時の和歌山では、そんな人びとが生きのびるために四国に渡るという状況があった。そしてそれは、和歌山のみならず、これまでの行き来を通して、四国遍路には巡礼者に金品を施す接待という習俗があるということが伝わった各地でも同様であっただろう。大飢饉という社会不安にさらされた天保期の四国遍路の「隆盛」は、こうした背景から読み解くことができるのである。

だが、もちろん四国においても飢饉の影響を免れたわけではない。阿波では天保三年から九年連続で長期の災害にみまわれ、大きな損害を被った。この間の損失は七〇万六〇〇〇石にものぼる。さらに、その直前の六年間（一八二五—三〇年）にも約三八万石が収穫できていない。阿波・淡路の二国を擁した徳島藩の総石高は三六万六〇〇〇石（一八三四年）である。この一五年間の損失は、実にその三倍以上である。これが大きな社会的打撃となったことは想像に難くない。阿南市域では雑草を食べることを余儀なくされ、餓死者や入水自殺するものが続出したと伝えられている（阿南市史編纂委員会編　一九九五）。

そもそも接待は無尽蔵ではありえない。自分たちも困っている以上、接待に向ける余力はそれほどなかったであろう。ところが、接待を求める遍路は増えたのである。したがって、その需給バランスは需要超過・供給不足へと大きく変化した。接待が生きる手段である人びとにとっては、その獲得は文字通り死活問題となる。万一、それが十分に得られない場合、彼らはどのような行動に出たのだろうか。

彼らが遍路道をはずれていったのは、まさにこの時ではなかっただろうか。このことを示す遍路側の貴重な記録が、「四国遍路の思想」と「四国遍路の人びと」の章で紹介した高群逸枝の手記にある。彼女は二十四歳の時に、恋愛や仕事上の悩みから歩き遍路を行った。『娘巡礼記』（一九七九年刊）は当時、『熊本日日新聞』に彼女がリアルタイムに発表した原稿を堀場清子氏が校訂・編集したものであり、『お遍路』（一九三八年刊）は、『娘巡礼記』の原稿を紛失した高群が当時のメモをもとに再執筆したものである。この二つの手記を元に、彼女がいつ、そしてなぜ遍路道をはずれたのかを検証してみよう。

高群逸枝の手記より

高群が故郷の熊本から四国に旅立ったのは大正七年（一九一八）のことである。途中の大分からは、彼女が「おぢいさん」と呼ぶ伊東老人が同行することになった。彼は弘法大師に深く帰依する人物で、高群を善根宿で泊めた夜に霊的な夢をみたことで同行を申し出たのである。伊東老人は高群に、「俺は金はもたん、そいで修業していくのぢや。アンタも其のつもりで辛抱なされ」（高群　一九七九）と宣言する。ここでの「修業」は仏教修行で重視される乞食《こつじき》行為、すなわち托鉢のことを指す。伊東老人は、高群の遍路行をより価値あるものにするために托鉢を行い、さらに「逆打ち」（札所番号と逆に巡拝すること。通常と異なる方法で巡礼することは何かと困難が伴い、苦行性が増すため、得られる功徳も多いと説明される。また順打ちで回っている弘法大師に出会える確率が高まる巡礼方法ともいわれる）でまわると決めたのである。

二人が四国に上陸し、三十九番の門前宿にたどり着いたのは七月二十三日のことだった。そこで二人は同宿の先輩遍路から、「修業するなら道ばたぢや貰ひが少ない、ずつと田舎に入り込んだら少しは有る。それも米だの粟だのアラ麦だの、やたらにくれるから大変だ。別々に入れる物を用意してるが好い。夫《そ》れから貰つた物はお金に代へるがよろしい……」（高群　一九七九）と、先に述べた托鉢のノウハウを伝授される。まもなく伊東老人は托鉢を開始する。その様子は、「おぢいさんは家々に立ち寄つて（中略）鈴を振りながら（中略）光明真言を唱へる。すると人が出てきて、米一摑み、金一銭など供養するのである。おぢいさんはそれを首から吊つた三衣の袋に、ありがたく納める。米は今夜私達が食べるのである」（高群　一九三八）というものであった。

その後も彼らは托鉢を継続するが、旅費は次第に乏しくなる。九月六日、二十三番薬王寺の参拝後には、ほぼ無一文という状況に陥った。翌七日、二十二番平等寺を目前にして、高群と伊東老人はある民家にしばらく滞在することを決めた。ここで旅費を工面するために托鉢に専念しようとしたのである。「おぢいさんは相変らず修行をやめないで、朝早くから出掛けてゆく。街道筋ではもらひが少ないので、二里も三里も奥の方に行くのだといふ」(高群　一九三八)と高群の手記にはある。つまり、彼らは以前に教わった托鉢のノウハウをここで実行したのである。そして、高群に同行した老人が、平等寺近辺から托鉢を行いに——すなわち接待を求めて——一日がかりで足を伸ばしていった先。そこは図7(九八頁)に示した、かつて遍路が巡ってきていた地域にぴったりと重なるのである。

「乞食圏」の発見

高群と伊東老人が「修行」の拠点とした地域には、二十二番札所の平等寺がある。昭和三十年代頃の同寺境内には、常に何人かの遍路が滞留していたと住職は語る。彼らは大師堂などに寝泊まりし、朝になるとどこかへ出かけ、夕方になると帰ってきて、接待でもらった米を自炊していたそうだ。そして一週間もいたかと思うと、ふらりとまたどこかにでかけて行ったきり、帰ってこなかったりしたと言う。

平等寺のほうから遍路が托鉢にやってきたと語る人もいる。そのひとりが椿泊のF寺の住職である。椿泊は橘湾の半島部の先端にある港町である。単純に札所を巡礼することが目的ならば、全く訪れる必要はない。そんな場所にも、遍路が再々やってきて托鉢を行っていたのだという。同様の語りは現在の阿南《あなん》市全域で確認することができる。

さらに、筆者が調査した範囲では、二十三番札所薬王寺から山を越えて四—五キロほど北西に入った赤松地区(徳島県海部《かいふ》郡美波町赤松)でも、薬王寺方面から遍路が接待を求めてやってきたという語りが得られた。

また民俗学者の真野俊和《しんのとしかず》は、俳人・種田山頭火《たねださんとうか》の遍路行について、「川口あたりは遍路街道からはずれているだけに行乞《ぎょうこつ》成績もよかったらしい。いったいに札所の周辺よりも、遠く離れた村むらでのお修行＝行乞のほうがもらいが多いのだという」（真野　一九八〇）と述べている。このとき、山頭火は高知で遍路を止め、松山に帰る途中であった。ここでいう川口は、前後の行程から高知県吾川《あがわ》郡仁淀《によど》町川口と判断される。であるならば、最も近い札所は四十五番岩屋寺で、そこから二〇キロも離れた場所になる。そんな場所でも、遍路は托鉢することが可能だったのだ。

すなわち、四国遍路には、遍路が接待を求めて移動する領域が存在したのである。私はこの領域を「乞食圏《こつじきけん》」と名づけて、札所、遍路道につぐ第三の巡礼空間と捉えている（浅川　二〇〇八）。札所が点、遍路道が線だとすると、乞食圏は面だ。遍路たちが接待を乞い求める動きによって、ぐいぐいと押し広げられた空間なのである。

遍路は札所を巡る存在であるとする常識のまなざしからは乞食圏の存在は見えてこないだろう。だが、ここで確認したように、四国遍路世界は札所と遍路道のみに限定されるものではない。巡りくる遍路たちとの交流の積み重ねが、四国遍路の文化を織りあげるのだとすれば、それはともすれば、四国全域をおおうような広がりと重みを持つのである。

近世土佐藩の遍路統制

脇道禁止令

乞食圏は四国遍路世界を内側から拡張する力によって形成された領域である。逆にこのような領域を封じ込める力学も存在した。一例として近世土佐藩の遍路統制を見てみよう。土佐の遍路政策は、『憲章簿』（高知県立図書館編　一九八五）という行政資料に詳しい。これを読み解くと、「遍路とは弘法大師信仰に基づいて札所を順拝する宗教的実践者」であるという遍路観と、したがって「遍路は正しい順路・道筋に沿って、滞りなく領内を通過させる」という基本理念が見えてくる。土佐藩はこの基本理念を具体化するため、公式巡礼路「遍路街道」を指定し、領内通過の日数制限を設けた。つまり巡礼の時間と空間を規制したのである。後には、日々の宿泊場所を手形に記録する日継《ひつぎ》改《あらため》も設けられ、遍路は領内の行程を細かく把握されるようになった。

享保四年（一七一九）の規定は次のようになっている。順打ちの場合、遍路の入国は阿土国境の甲浦《かんのうら》に限定されている。甲浦番所では、往来手形や宗旨《しゅうし》手形の確認を受ける。不審な点がなければ、①領内の巡礼路はおよそ七八里であること、②三〇日以内に巡礼を終え、土伊国境の松尾坂から出国しなければならないこと、③毎日、宿泊する村で庄屋から証明を受けること、④脇道に入り込むことは「堅く御法度《ごはっと》」であること、⑤巡礼以外の目的での滞在は取り調べの対象となること、などの申し伝えを受けて入国が許可された。

特に脇道禁止の徹底は遍路と地域社会の双方に繰り返し求められた。順路以外では宿を貸さないこと（宝永五年〈一七〇八〉）、脇道に入りこんだ遍路を見つけた場合には、監視人をつけて確実に順路に戻るのを見届けること（正徳二年〈一七一二〉）、万一、庄屋や村の対応に不備があった場合には関係者を処罰すること（宝暦八年〈一七五八〉）、取り締まりに協力的な者には褒賞を与えること（天保八年〈一八三七〉）などである。遍路が巡礼路を逸脱するような乞食圏的行動は、土佐藩では厳しく禁じられていたのである。

接待禁止令　遍路が脇道へ侵入する目的が接待ならば、脇道禁止の徹底には接待そのものの禁止が有効であろう。当初、土佐藩の接待禁止令は比較的寛容であった。文政二年（一八一九）に接待禁止令が出たが、これは藩の財政再建のための倹約令の一環であり、春の年中行事として村で行われた「お祭り」的な接待が、華美で享楽的として禁じられたに過ぎない。

だが天保期にこの方針は転換される。大飢饉による食糧危機に直面した土佐藩は、天保七年（一八三六）末から翌年正月に接待・托鉢の全面的禁止を打ち出した。領民の食糧確保と米穀の他国への流出阻止が目的である。国境番所には「入口番人共取扱心得」を出し、①往来切手に加えて納経帳と所持金を調べ、納経帳がない者は「乞食《こじき》」に紛らわしいので速やかに追い返すこと、②所持金がない者には領内での托鉢禁止を伝え、巡礼の中止を説得するよう指示するなどの水際作戦を展開した。遍路街道沿線の村役人にも「往還筋地下《じげ》役共心得」を出し、③「全国的な飢饉の影響で四国遍路に食を求める人波が押し寄せているが、土佐においても彼らを養う余裕はない」という状況説明とともに接待・托鉢の全面的禁止を通達し、④病を偽り領内に留まって托鉢する者があるので、少しでも歩ける者は早々に出発させることなどを併せて指示した。

四国遍路では、土佐は遍路に厳しい気風と評されることがある。これらの禁令にその片鱗を見ることもできるかもしれない。だがそこには、藩が自ら抜け道を用意するかのような奇妙な不徹底さがあることも見逃してはならない。たとえば、文化文政期の接待禁止令には、「順路で托鉢に応じて、少額の金銭や握り飯などを志として接待することは従来通り構わない」という一文が添えられている。天保期の接待禁止令においても、国境番所宛の心得に、「やむを得ない大願を抱き、たとえ路傍で餓死しても構わないという覚悟がある場合には、勝手次第」という断り書きがわざわざあるのは何を意味するのであろうか。

遍路体の者

ここで、「志」「大願」などの信仰に関する語句に注目したい。寛政三年（一七九一）の通達にはさらに興味深い表現がある。要約すると、「遍路は『心願』『信心』『立願』などの信仰にもとづく動機から『神妙』な態度で行われるべきものであり、娯楽的な巡礼や接待、貪欲な托鉢などは『実意』を損なった『不埒』『不心得』なものである」となる。この文書は、倹約のために領民の遍路行きを制限する法令であるが、逆に藩がどのような遍路を「正統」と捉えているかを吐露している。つまり、土佐藩が考える正しい遍路とは、「弘法大師への信仰に基づいて四国霊場を巡礼する宗教的実践者」なのである。現代の私たちの「常識」に近いオーソドックスな遍路観といえよう。

この認識にもとづくならば、巡礼路からの逸脱は正統な遍路からの逸脱と同義となる。脇道への侵入は、霊場巡拝という遍路の本分を全うしない行為であり、何か邪《よこしま》な意図を隠し持つ者という疑いのまなざしを向けられることになるのだ。彼らは、窃盗、詐欺、博奕などの「悪業」を働く者と警戒された。さらに天保期以降は、食を乞うことをもっぱらとする「乞食」が対象化されるようになった。脇道禁止令で藩が排除しようとしたのは、領内の治安や富を脅かし、藩に不利益を与える恐れのあった「遍路」たちなのである。

そんな彼らを表象する特徴的な表現が「遍路体の者」である。阿波や伊予でも用いられたこの言葉には、「外見は遍路姿であるが実際は怪しい」というニュアンスがある。ここには巡礼者のなかに異質な何者かが紛れ込んでいるという認識と、その排除のために境界領域に光をあて、正統と異質の境目を見定めようとする思考が埋め込まれている。いわば遍路を分類する思考だが、近世的なそれはさまざまな意味で多義的な曖昧さ（ambiguity）を常に含む。禁令においては宗教的な回路が抜け穴となり、排除の対象者を分類する際にも明確な判断は下されず、異質性の中身は多様なまま放置された。こうした思考にもとづく土佐藩の遍路取締が不徹底で曖昧なものに限界づけられたのも必然といえよう。藩政期を通じて、同じような内容の禁令が繰り返されていること自体が、それを裏づけている。

安政の遍路追払令

こうした観点に立つと、藩政末期の嘉永七・安政元年（一八五四）、安政《あんせい》の大地震の際に出された遍路追払令の重みがより深く理解されよう。津波や火災、家屋倒壊などで領内に甚大な被害が出たこと、街道も寸断され順路遵守・脇道禁止という原則を維持できなくなったこと、そして噂や流言による社会混乱を警戒したことなどの理由から、領内の他国遍路を無差別・強制的に国外退去させると同時に、新たな遍路の入国を拒否するという極端な政策であった。「嘉永七年一一月の大地震以降、土佐は全ての遍路の入国を拒否している。今は（阿波・伊予・讃岐の）三国遍路になっており、嘆かわしいことだ」(愛媛県生涯学習センター　二〇〇一)という文久二年(一八六二)三月の遍路者の記録を見ると、震災から七年後でも、遍路の全面的な入国禁止が継続していたことがわかる。

近世土佐藩は四国遍路に時に厳しい統制を加えつつも、正統な遍路については放任してきた。だが、近世末期のわずかな期間に飢饉と震災という非常事態を集中して経験し、四国遍路の二つの核である巡礼と接待の全面的禁止に踏み切ることになった。これらは近世的な多義的な曖昧さ、すなわちambiguousな思考を覆すものである。巡礼や接待の宗教的価値が社会的に否定されるという現実は、人びとの伝統的な遍路観を激しく揺さぶったのではないだろうか。

近代四国の遍路排斥論

権力が遍路を抑圧する。現代の四国遍路ブームを知る私たちには想像しにくいことかもしれない。だが、こうした事実は近世土佐に特殊なものではない。むしろ近代の四国に顕著な社会現象であった。

国民国家のイデオロギーと接待の解体

その口火を切ったのが明治三年（一八七〇）一月十五日に四国会議で決議された「遍路取締の件」（喜代吉榮徳　二〇〇三）である。四国会議は当時四国にあった一三藩の共同会議である。ここでは、托鉢目的での滞留の禁止と、往来手形を持たない遍路の出身地への送還を、三月一日より各藩で実施することが申し合わせられた。明治のごく初期に四国が遍路排斥のコンセンサスを確立していたことは注目に値する。この後、各県では托鉢する遍路の排斥と接待の禁止が頻繁に通達された。重要なのはこれらの抑圧や統制が、近代の国民国家建設のイデオロギーに関連づけられたことである。

たとえば戸籍制度である。愛媛県は明治六年四月から翌年十二月までに六通もの托鉢・接待を禁ずる通達を出した。そのなかに、接待したことが発覚した場合、遍路を原籍に送り返す費用を接待者に求めること、もし遍路に原籍がない場合は接待者の戸籍に入れることが指示されている。なぜ接待の禁止に原籍が関係するのであろうか。

近代日本の戸籍制度は明治五年二月一日に開始された。注目したいのは「脱籍無産者復籍規則」の制定（明治三年九月四日）、六十六部（全国の一宮に法華経《ほけきょう》を納める巡礼で近世に隆盛した）禁止（明治四年十月十四日）、虚無僧《こむそう》の廃止（同二十八日）、僧侶の托鉢行為の禁止（明治五年十一月九日）という一連の動きである。ここには無産者と見なした宗教的旅人を戸籍に組み込み、国力の礎《いしずえ》たる経済力や軍事力の一助として活用せんとする、富国強兵・殖産興業という国民国家建設のイデオロギーが背景にある。接待を求める遍路は「乞食遍路（遍路乞食）」として概念化され、国家の富を二重に損なう存在として排斥の対象となった。同時に、彼らが無産者・非定住者として存在しうる温床の解体を目指して、接待・托鉢が禁止されたのである。

近世までの伝統的な世界観を近代の論理やイデオロギーから変革する大きな役割を果たしたのが当時の最先端のメディアであった新聞である。特に社説は、いち早く文明化された知識人が、古い価値観に固執する愚かな民衆を啓蒙するという構図を定番とし、伝統と近代の相克《そうこく》を知る有力な手がかりになる。ここでは四国遍路をテーマとした地元紙の社説を二つ紹介したい。

風俗改良の観点から

まず、徳島の『普通新聞』が、明治十一年（一八七八）四月二十三、二十四の両日にわたって掲載した社説では、四国遍路が風俗改良の観点から批判された。論者は四国遍路を「（巡礼すれば病が癒えるというような）虚言に惑わされた愚民が行う恥ずべきもの」と断定し、①杖・菅笠という異様の装いで「乞食」する様は醜態であり風俗を乱すこと、②遍路にかこつけた詐欺まがいの行為が横行していること、の二点を社会問題として指摘する。そして、これらの廃絶のためには托鉢・接待の全面的禁止が必須であり、具体策として四国各県が協調して、托鉢・接待を「違式詿違《いしきかいい》」に追加することを要望している。

違式詿違とは、欧米列強との不平等条約改正を急務とした明治政府による風俗統制政策で、現在の軽犯罪法に相当する。文明にそぐわない悪しき旧俗として、男女混浴や立ち小便などが禁止され、違反者には罰金が科せられた。つまり、本社説は非文明的な蛮習として四国遍路――とりわけ接待と托鉢――を位置づけるものである。明治初期の接待・托鉢

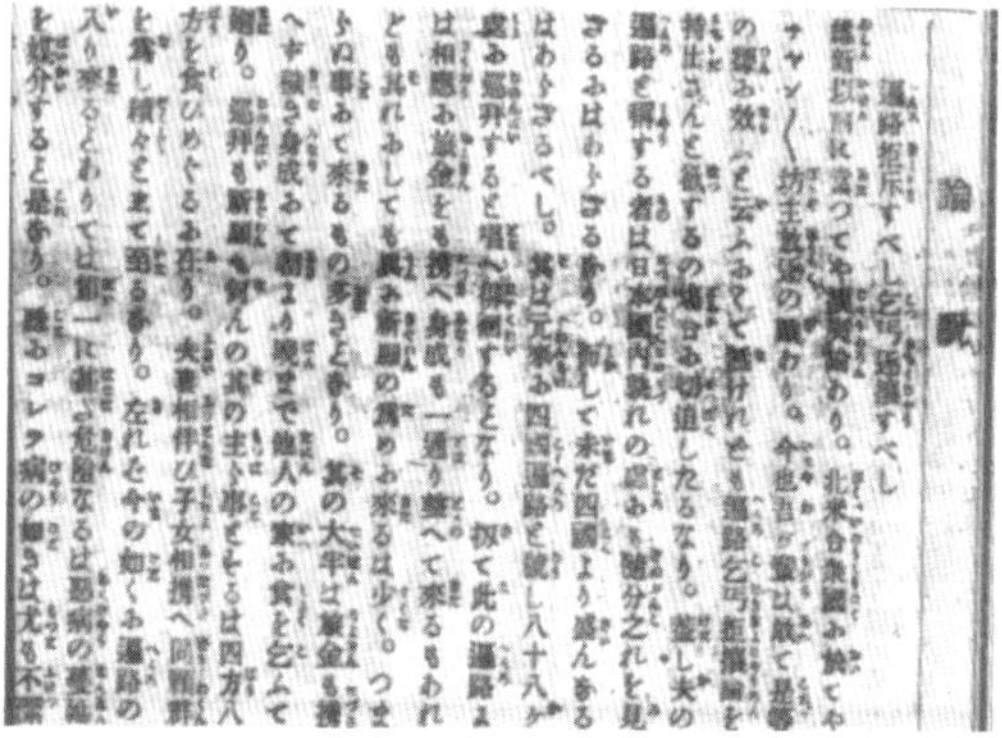
論説
遍路拒斥すべし乞丐駆攘すべし

図8　『土陽新聞』社説（明治19年5月9日）

禁止令には、国民国家建設のための人的資源の確保という政策的な意図があったが、ここではモノを乞う／与えるという関係を「醜悪」と捉える感覚の醸成が見られる。

公衆衛生の観点から

一方、明治十九年（一八八六）五月に高知の『土陽《とよう》新聞』に掲載された社説「遍路拒斥すべし乞丐《きっかい》駆攘すべし」では、公衆衛生の視点が加えられた。ここでは遍路は「大半は旅金も携えず、穢《きたな》き身なりにて朝より晩まで他人の家に食を乞うて廻り。巡拝も祈願も何のその、主ら事とするは四方八方を食ひめぐるにあり」と評されている。そして、その弊害として伝染病とりわけコレラを媒介する恐れが指摘された。「コレラ病のごときはもっとも不潔に取りつきやすい」ため、「遍路のごとき者が続々他県より侵入し来たるときはこれを蔓延《まんえん》せしめる事必然の勢いなり」として、不潔な遍路が病原菌をまき散らすのを阻止するという観点からその取締を訴えたという点で、きわめて斬新な論説であった。

コレラは、致死率・感染率の高さから近代日本がもっとも怖れた伝染病であった。明治十九年はコレラ大流行の年であり、全国で一〇万人を超える死者を出した（小野芳朗　一九九七）。高知県においても、赤痢、腸チフス、疱瘡の流行に加え、コレラが爆発的な猛威を振るったために、県民一〇〇〇人あたりの伝染病罹患率が九・〇五％と極めて高く、死亡率も三七・四％に達したほか、前年の五・八倍の伝染病予防費が投入されるなど、大きな社会的影響があった（高知県警察史編纂委員会編　一九七五）。

この社説はそれまで連載されていた「維新後道徳の頽廃せしを論ず」を中断し、五月九日、十一日、十二日と休刊日を挟んで三日間にわたって緊急掲載された。「遍路乞丐拒攘論を持出さんと欲するの場合に切迫したるなり」（五月九日）、「遍路の侵入し来ることが我県のために極めて迷惑となり、乞丐の繁殖することが已《すで》に目下のごときの害となることなれば、我県たる者は今は早や一日も猶予するなく断然としてこれを拒斥しこれを逐攘せざるべからざるなり」（五月十一日）などの表現から、差し迫る社会問題に対する筆者の切迫感が読み取れよう。ここでは衛生学や細菌学などの近代の知を背景にした新たで強力な遍路排斥の論理が構築されたのである。

〈分類のまなざし〉

こうした新聞の主張に呼応するような動きを見せたのが、県と警察という権力組織であった。『普通新聞』社説に対しては、同年八月に徳島県を合併していた高知県が、「乞食遍路の者へ米銭その他の物品を施与する者」を違式詿違に追加すると通達した（高知県令布達明治十一年甲第一八三号・甲第一八四号）。これにより接待は、先の社説の主張通り犯罪行為と規定されたのである。さらに筆者が閲覧した資料（徳島県立図書館所蔵）に添付されていた警察内部向けの文書「乞食遍路取扱心得」は、近代の遍路観を考えるうえで極めて重要である。取締対象を規定した第一条と第二条の原文をあげてみよう。

　第一条　乞食徘徊するを見受れば、取押え警察署並に警察分署詰巡査及び区詰巡査伝逓を以て他管の者は最寄国境へ（伊予讃岐を云）送出示後、此国に入らざることを示し追払ひ、当県内の者は其本籍区戸長へ可引渡事《ひきわたすべきこと》。但《ただし》伝送途中逃走の憂ありと見認るものは、腰縄を付する事

　第二条　遍路体の者乞食に紛わしき者は、取抑え旅費金の有無を取調、霊所巡拝終る迄の資力無の者は乞食者と見倣し、第一条の通可取扱事《とりあつかうべきこと》

第一条では「乞食」が取締の対象と明記されている。そして第二条では「遍路体の者」の取扱が書かれている。この場合は所持金を調べ、巡礼を結願《けちがん》するに足らない場合は「乞食」と判定し、排除のための措置がとられる。近世的な分類の思考は多義的な曖昧さ（ambiguity）が特徴であった。先に紹介した土佐藩の「入口番人共取扱心得」でも、納経と

金銭の有無を基準としながらも、「もし納経これなき者は乞食にまぎらわしきにつき、速に追返し申すべきこと」という具合に、二項対立を明確に処理しない。これに対し、近代的な分類の思考の特徴はambivalence（両義性）と理解できる。「乞食遍路取扱心得」では、納経帳や信心といった宗教的要素は考慮されず、所持金の多寡という単純明快な基準から先々で托鉢する可能性が合理的に判断される。つまり、近世的思考が曖昧にしていた境界領域に鋭くメスを入れ、排除すべき「乞食」なのか否かを明確に切り分けようとする強力なまなざしの力学――〈分類のまなざし〉――がそこにある。

〈分類のまなざし〉は乞食遍路の排除に大きな威力を発揮した。『徳島県警察史』には、この心得の運用によって厳重な取締を行ったという記述が残されている（徳島県警察史編纂委員会編　一九六五）。一方、『土陽新聞』についても社説掲載直後に、高知警察の手によって二〇〇名余りの「遍路乞食の徒」が本籍へ送還されたことが報道された（平尾道雄一九六二）。また、明治二十三年（一八九〇）には四月の「遍路乞食放還」の実績が二七三名にのぼること、明治三十四年には、二月一日から十日までに警察が追い払った「遍路乞食」の数が三八一名であることが報じられた。愛媛県でも同様の取締が行われたことが『海南《かいなん》新聞』に掲載されている（明治三十一年十一月六日）。

ここにおいて、県、警察、新聞の三者による乞食遍路排斥のための連携体制が確立された。新聞が遍路排斥を訴え、行政が排除の法的根拠を整備し、警察が実力行使にあたり、その成果を新聞が報道するというサイクルの完成である。すなわち〈分類のまなざし〉や、多彩な近代のイデオロギー・知・価値観に複雑に結合した遍路排斥システムが構築され、運用されたのである。

遍路狩り

このような遍路排斥システムの駆動による警察の取締は「遍路狩り」と呼ばれ、恐れられた。遍路側から見たその様子は高群逸枝《たかむれいつえ》の手記にくわしい。大正七年（一九一八）十月二十三日、すべての札所の巡礼を終えた高群と伊東老人は、愛媛県の八幡浜《やわたはま》の木賃宿《きちんやど》に滞在していた。そこに二人の巡査が踏み込んできて、遍路たちの尋問を始めた。

「ナニこの娘？　こりゃお前の孫か。原籍氏名を述べろ」

まるで罪人扱いだ。かつ曰く、

「実はこう米が高くちゃ（同年八月三日に富山で米騒動が勃発している）遍路が可哀想だというのでその筋から幾分かずつ給与金を出される事になったがお前は何か修行してやって来たというのか。それであったら遠慮なく申し出るが好い。どうだ」

……

「イヤ私は要《い》りません。電報為替が来るはずですから」

……

「きょうは遍路狩りだっせ。何人も警察へひかれたやいいまっせ」

浮かれ筋屋さん（同宿者のひとり）が帰って来て、一同に告げ知らせる。その晩は道理で盲女の遍路さんがとうとう捕って留置場へひかれたという事が分った。捕ったが最後国境まで護送されて追っ払いとなるのだと皆が話している。（高群　一九七九）

警官はまず原籍を尋ね、「給与金」をちらつかせながら托鉢を行ったかどうかを問うている。高群はこれを断り、資金のあてがあることを主張して尋問をクリアしている。このやりとりからは、やはり取締対象を分類する基準は、金銭の有無であったことがわかる。おそらく「給付金」はウソであり、まんまと引っかかった遍路が逮捕されたのであろう。

矛盾する信心と法律

この時の伊東老人の反応は興味深い。（托鉢を行ったことを証言させようと）怒鳴りたて、「引っ立てるぞ」とすごむ警官に対して、「お遍路をどげえ心得るか。お大師様の大切な同行ぢやが、どげえ心得るか」「お遍路をどげえ思ふか、お四国の土に生きてゐて、その心得を知らぬか、いまの若い者は生意気ぢや、仏の教へといふことが分つとらんわい」（高群　一九三八）と切り返したのである。つまり彼は、四国遍路が弘法大師《こうぼうだいし》信仰を基盤とする宗教的実践であり、托鉢はその重要な実践であるという伝統的論理を、警察が依拠する近代的論理への対抗言説として主張したのだ。

伊東老人と警官とのやりとりは、四国遍路における伝統と近代の相克を如実に語る。警察が接待・托鉢を取り締まるかたわらで、遍路たちにとっては「四国遍路のお修業は公然の秘密になっている」（高群　一九七九）という状況もあった。まさに、当時の四国遍路は「信心と法律とは矛盾している形だから変だ」（高群　一九七九）という状況にあったのだ。だが正攻法で近代の論理に立ち向かう遍路はまれだったらしい。警官に啖呵《たんか》を切った伊東老人を同宿者たちは大歓迎する。だが彼は四国遍路の伝統を主張しない彼らの不信心さが気にくわなかったのだそうだ（高群　一九三八）。

　だが近代の遍路排斥システムの網の目をかいくぐって伝統を実践する人びとは、確かに存在したことも高群の手記には記されている。大正七年（一九一八）九月二十日、高群らが二十番鶴林《かくりん》寺の麓で行き暮れた時のことである。村人に宿を尋ねたところ、近くの善根宿を教えられた。その農家を訪ねると、「親切そうなお爺さん」が声を低くしながら、「この頃警察がやかましくなりまして善根にでもお泊めすると拘留だの科料だのと責められますからお気の毒だが納屋でよろしいか」と言いつつ泊めてくれたのだという（高群　一九七九）。当時の四国では、善根宿も警察の取締対象であり、処罰される可能性があったことがここで確認できる。「科料」という表現からは、接待を違式詿違とした明治時代の条例が継続していた可能性もうかがえる。しかし、このお爺さんは法的なリスクを承知しながらも善根宿を施した。そして村人もまた、彼が善根宿を行っていることを周知していたのだ。

なぜ権力からの抑圧にもかかわらず、接待は継続されたのであろうか。「信心と法律が矛盾している」という表現は、〈分類のまなざし〉のような近代的論理が遍路と地域社会との結びつきを解体する強い力として存在する一方、伝統的論理に即して実践されつづける領域もまた存在するという複層状況を端的に示している。近代の論理を限界づけた民俗の論理とはどのようなものだったのだろうか。次に、この問題を検討してみたい。

語り分けの文化

遍路を語り分ける

「ヘンド」という言葉をご存じであろうか。ヘン「ロ」ではなくヘン「ド」である。ほとんどの方にはなじみのない言葉であろう。これまでの多くの研究では、四国の中高年世代がしばしば用いるこの言葉を「遍路（ヘンロ）の方言あるいは古語」として理解してきた。

しかし、私がフィールドワークから摑み取った見解は異なる。典型的な事例を紹介しよう。一〇年ほど前のある日の午後のことである。私は、道ばたに腰をかけておしゃべりをしていた老婆に、「この辺にもお遍路さんはやってくるか」と尋ねた。老婆たちは、「昔はたくさん来ていたが、今は来ない」と言った。私は不思議に思った。そこは遍路道の近くだったからだ。平成の歩き遍路ブームのさきがけの頃である。それなのに遍路が来てないなんておかしいじゃないかと思ったのだ。そのことを述べると、「うん、オシコクサンは今でも来る。歩いて行く人もときどきいる」という答えが返ってきた。オシコクサンとは、四国遍路の霊場や巡礼者を指す丁寧語で、地元の年配の人がよく用いる言葉である。私は混乱した。そこで、「オヘンロサンとオシコクサンは違うのか」と尋ねた。すると、「オシコクサンとは八十八ヵ所を巡礼する人であり、オヘンロサンはヘンドと言ってコジキみたいに物乞いをする人びとである」という答えが返ってきたのである。

なにやら禅問答のようだが、整理すると次のようになろう。私は四国遍路の巡礼者、すなわち遍路をオヘンロサンと表現した。彼女たちはそれをオシコクサンとヘンドという二つの言葉を用いて別々に表現し、後者を乞食や物乞いによって特徴づけたのである。

このとき、私は四国遍路の隠された領域に触れたことを直感した。そして調査を重ねるうちに、それは確信となった。国語辞典の定番『広辞苑』は、「遍路」を「空海の修行の遺跡である四国八十八箇所の霊場などを巡拝すること。また、その人」（『広辞苑』第六版）と説明する。私たちの「常識」といってよいだろう。だが、四国でかつての遍路の記憶が語られるとき、自ずとそこにヘンドという言葉が持ち込まれる。そして現代の私たちがイメージする「遍路」とは異なる存在について語りだすのだ。この傾向は、現在の中高年世代、すなわち昭和三十年代頃までの四国で生活していた人びとにかなり共有されている。

つまり、彼らは「ヘンロ」（多くの場合、敬称をつけてオヘンロサンやオシコクサン）と「ヘンド」という二つの語彙を用いて、遍路を語り分けるのである。

オヘンロサンとヘンド

ここで語り分けの具体的なイメージを摑むために、「四国遍路の人びと」の章で参照した瀬戸内寂聴《せとうちじゃくちょう》の「遥かなる巡礼の道」（瀬戸内　一九八〇）を再びとりあげたい。徳島出身で大正十一年（一九二二）生まれの彼女の子供時代の遍路の記憶――したがって昭和初期の遍路の情景――を繊細に描写したのがこのエッセイだ。

まず瀬戸内は、「春は巡礼の鈴の音が運んで来るものだと思いこんでいた」と語り始める。遍路は春の季語である。かつて四国やその周辺には、成人儀礼として遍路を行っていたところがあった。瀬戸内は春の風物詩である娘巡礼たちに接待することが大好きであった。娘たちは「足取りも軽やか」で、表情は「和やかで明るく」、そして「真新しくすがすがしい」白衣は、「通って来た春の野の若草の匂いと、ぬるんだ春風の香をしみこませていた」という。ところが、彼女は続けて「私の故郷では彼等を巡礼と呼ばずに「へんろ」または「へんど」と称した」と述べ、両者の微妙な差異を語りだす。「おへんろさん」という言葉はやさしく、なつかしい響きを持つ。だが「へんど」には、恐ろしく、凶々《まがまが》しい響きがあった。とりわけ、「言うことを聞かないとへんどにやる」という叱り言葉に子

表1　オヘンロサンとヘンドの対比

オヘンロサン	（＋）	項目	（－）	ヘンド
やさしく，なつかしい	親近	言葉の響き	嫌悪	恐ろしく，凶々しい
敬称をつける	尊敬	呼び方	軽蔑	敬称をつけない，吐き捨てられる
清らかな鈴の音	高音	音声	低音	くぐもった声・黙って立ちつくす
若葉と花の香・ぬるんだ春風の香	香気	匂い	臭気	（悪臭）・（体臭）
朝日・明るい	陽	光	陰	灰色の空・陽が陰ったよう
水色や白・赤	明	色	暗	鼠色・煮しめたような色
真新しく，すがすがしい	清潔	服装	不潔	ぼろを着て，垢だらけ
和やか・明るい	開放	表情	閉鎖	顔を隠そうとする
幸福そう	祝福	印象	災厄	不幸と不吉の気配
軽やか	躍動	足取り	停滞	地べたに座り込んでいる
やわらかな肌	生	肉体	死	紫色の手首
三三五五つれだちながら	集団	人数	孤独	ほとんどひとり
接待は子供の役目	厚遇	接待・応対	忌避	戸を閉じる・子供には行かせない

瀬戸内寂聴「遙かなる巡礼の道」を題材に作成.

どもたちは怯えたのだという。

表1は瀬戸内によるオヘンロサンとヘンドの描写を抜き出し、キーワードをつけて私が整理したものである。オヘンロサンには正《ポジティヴ》の意味が、ヘンドには負《ネガティヴ》の意味が付与されていることが一目にして理解できるだろう。オヘンロサンとヘンドは、実にさまざまな角度から徹底的に対比され、描き分けられている。だが先にみた〈分類のまなざし〉のように、負の側が排除されるわけではない。むしろ、両者は分かちがたく結びついており、共に彼女の四国遍路の原体験として刻印されていると、瀬戸内は述懐するのである。

接待の民俗知

語り分けは四国の人びとが「遍路」と向かい合う歴史のなかで紡ぎあげてきたものである。社会学者モーリス・アルヴァックスの言葉を借りるならば、巡られる人びとの「集合的記憶」（アルヴァックス　一九八九）ともいえるだろう。彼らにとっての四国遍路は単なる弘法大師の巡礼ではない。それは、好むと好まざるとにかかわらず、自分たちの日常に見知らぬ他者を送り込む装置でもあるのだ。高知出身の国文学者である廣末保《ひろすえたもつ》の、「お遍路さんを子供の頃から毎日見てるわけです。何か不思議な人たち、全く違う時間・空間をしょった人たちが、日常生活をしているわれわれの中を横切っているという異様な感じは子供のときから持っていたんですね。こっちの日常性が脅かされるという一種の恐怖を持っていました」（森本・廣末　一九七六）という述懐は、本書でいう「巡られる」感覚を端的に示すものである。

人びとが日々の暮らしのなかから創造・獲得し、伝承してきたモノの考え方や生活様式を、文化人類学では「文化」と呼び、民俗学では「民俗」と呼んできた。語り分けは、まさに彼ら巡られる人びとの文化であり、民俗である。文化人類学者のクリフォード・ギアツは、「文化」は象徴と意味の体系であり、人間はそのような網の目に支えられた動物であると捉えた（ギアツ　一九八七）。つまり文化は、私たちの生を解釈する際に参照される意味世界ということができる。語り分けの文化にも、つまるところ「遍路とはどういうものなのか？」という巡られる人びとの「知」が織り込まれている。こうした知――繰り返される経験から紡ぎあげられ、伝承されるという点を強調するために、「民俗知」としておこう――が形成される場が接待にほかならない。とりわけ、遍路側からのアプローチ（つまり托鉢）に応じて行われる接待が重要だ。なぜならば、四国遍路に主体的な興味や関係を持たない人びとであっても、遍路が彼らの日常に侵入していくことによって、否応なく巻き込まれていくからだ。巡られる人びとはそこで「遍路」を目の当たりにし、彼らとのやりとりを通じて、遍路とはなにかという民俗知を確認したり、修正したりするのである。

そんなやりとりを図式化したのが図9である。通常、遍路は托鉢するとき鈴を鳴らす。

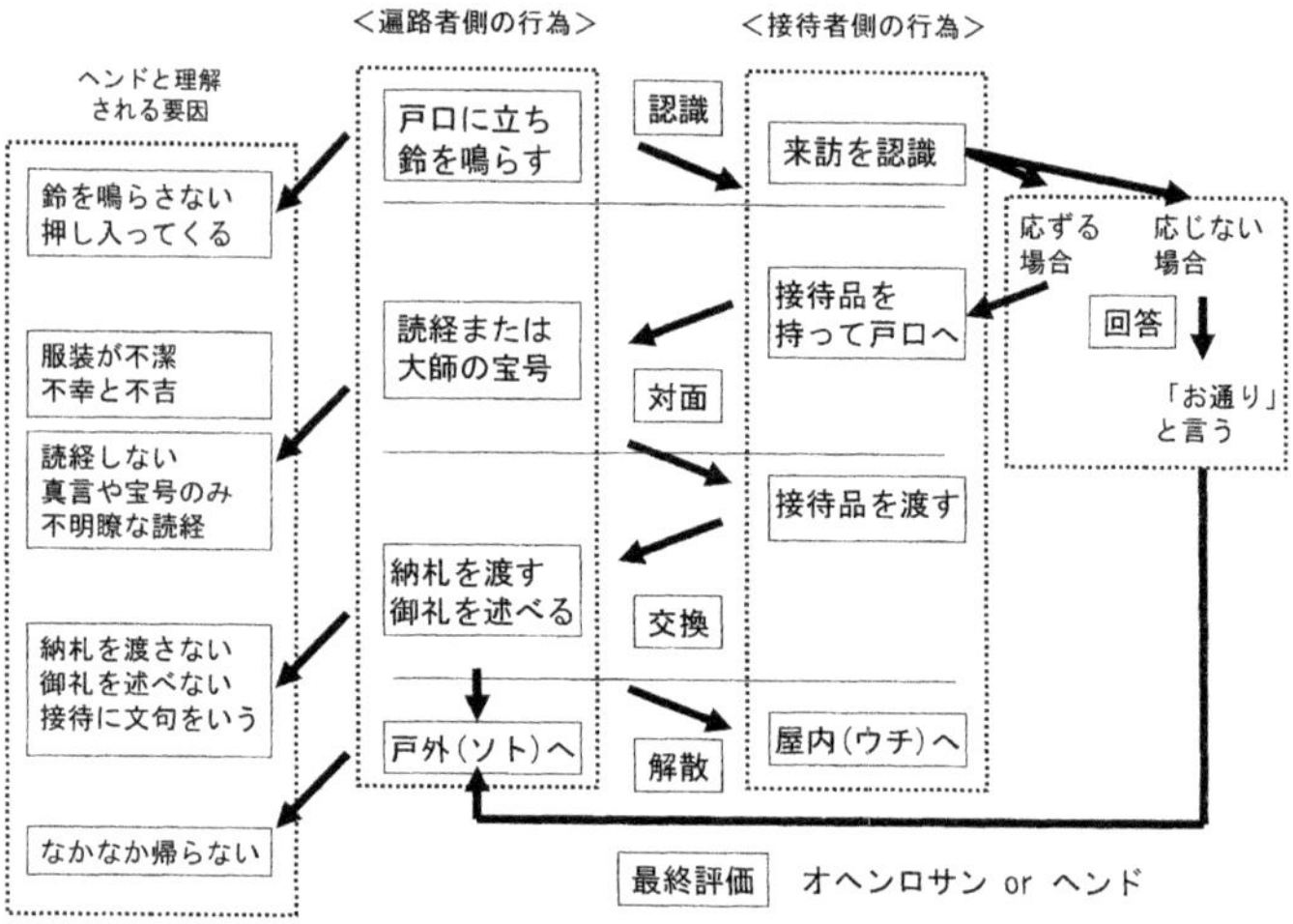

図９　接待＝托鉢のフローチャート

この音で、巡られる人びとは遍路の来訪に気づき（認識）、対応を決める（回答）。断る場合は「お通り」などの慣用的表現を用いる。応ずる場合は接待品をもって戸口へ行く。そこで接待者は遍路に対面するわけだが、この時、遍路は般若心経などを読《ど》経《きょう》したり、大師の宝号「南《な》無《む》大《だい》師《し》遍照《へんじょう》金《こん》剛《ごう》」などを唱えたりしていることが期待されている（対面）。そして、接待者が接待品を渡し、遍路が納札や御礼の言葉などを返礼とすることで交換関係が成立するわけである（交換）。その後、目的を果たした遍路者は速やかに立ち去り、両者のやりとりは終了する（解散）。

以上のプロセスは両者の暗黙の了解となっている。その意味で、きわめて儀礼的なコミュニケーションといえよう。だがそのためには、一連のプロセスや立ち振る舞いの「型」が知識として共有されていなくてはならない。逆に、①鈴を鳴らさない、②経文や宝号を唱えていない、③納札《おさめふだ》を渡さない、御礼を言わない（つまり、交換を成立させない）、④接待品を渡しても立ち去らないなどの「型」を乱す行為は、民俗知が接待者に教える遍路像に当てはまらない要素となり、結果として、その者が「遍路」かどうか怪しまれることになる。語り分けが発動し、ヘンドという言葉と概念が持ち込まれるのは、まさにこうした場合においてなのである。

ヘンド概念の核心と限界

以上の記述をもとに、語り分けに用いられる二つの言葉――オヘンロサンとヘンド――を概念としてまとめておきたい。まずオヘンロサンは、信心や信仰を持って八十八ヵ所霊場を巡礼していると考えられる人びとのことをいう。托鉢《たくはつ》で読経が期待されているのはそのためだ。ポジティブな意味を帯びたオヘンロサンには、「本物の」「正式の」など正統性を示す語句が添えられることが多い。いわば巡礼者の理想像だ。

一方、ヘンドはそのような巡礼者よりもむしろ物乞い（コジキという言葉がよく使われる）に近しい存在である。強欲である。不潔である。信心や信仰を持っているかどうかは怪しまれ、実際に霊場を巡礼しているかどうかも疑われる。その外見や言動からネガティブな意味が喚起される「遍路」がヘンドなのである。ヘンド的な意味をより強調した表現として、オゲヘンドやオゲッタという言葉がある。オゲは阿波・讃岐地方の方言で「ウソ・デタラメを言う」「虚勢をはる、ハッタリをきかす」「駄々をこねる」などの意味を持つ。これがヘンド概念の核心だ。すなわち、ヘンドは遍路を騙《かた》り、なかば強引に接待を受けようとする「偽《いつわり》」の巡礼者なのである。

だが、たいへん興味深いことに、ヘンドはネガティブに意味づけられながらも、四国遍路の文脈から完全には排除されない。ヘンドは巡礼者であることを怪しまれ疑われつつも、巡礼者ではないと断定されることはほとんどない。瀬戸内もヘンドを「それはどう変容してようとお四国巡礼のなれの果ての姿」と述べ、「ぼろを着て垢だらけの風態でただ物乞いをするだけの乞食」ではないと断言する。そう、ヘンドに投射される負のまなざしには限界があるのである。多くの場合、ヘンドも接待の対象となることがその証である。すなわち巡られる人びとは、ヘンドという概念を用いて一部の「遍路」を異化するのだが、それは常に曖昧で不徹底なのである。なぜだろうか。ここではその理由を四国遍路の宗教文化的な核である弘法大師《こうぼうだいし》信仰から読み解いてみよう。

弘法大師遍路信仰

弘法大師は、平安時代の僧侶であり日本真言宗《しんごん》の開祖である空海《くうかい》の諡《いみな》であることはいうまでもない。歴史上の人物としての空海は、承和二年（八三五）に死去した。だがその後、空海の死を高度な瞑想《めいそう》状態への移行と理解し、彼は衆生《しゅじょう》救済のために生きつづけているとする信仰が起こった。これを弘法大師の入定《にゅうじょう》信仰という。歴史上の人物「空海」から、伝説上の人格「弘法大師」への転換である。これによって、弘法大師は死せる過去の人物ではなく、人びとと共に生きる同時代的なリアリティを獲得した。とりわけ四国遍路では、この信仰が巡礼のコンテクストに引きつけられて解釈され、弘法大師が今も四国遍路を巡りつづけているという思想へと展開した。私が「弘法大師遍路信仰」と呼ぶこのような考え方は、『四国遍路功徳記』（一六九〇）などの資料から、少なくとも近世期には成立していたことが確認できる。

弘法大師が今なお生きて遍路行を続けている。この思想は受け手によって、さまざまなヴァリエーションへと展開する。巡礼者にとっては、巡礼中は常に弘法大師と共にあるという、いわゆる「同行二人《どうぎょうににん》」の思想になる。あるいは、四国遍路におもむけば弘法大師に直接会えるという発想にもつながる。四国遍路の開創伝説「衛門三郎物語」に埋め込まれたモチーフである。そして接待者には、眼前に立つその遍路が実は弘法大師かもしれないという命題が突きつけられるのである。

四国遍路において弘法大師は巡礼者の理想像であり、尊敬や信仰の対象である。四国遍路の最古のガイドブックである『四国遍路道指南』（一六八七）は弘法大師の巡礼の様子を、

「あらゆる仏堂を巡拝し、峻険な山谷をものともせず、徹底的に『乞食』をなされた」と描写する。弘法大師を手本とし、その巡礼行を模倣することが正しい巡礼のあり方だとするならば、托鉢を行う遍路こそが、まさに正統な巡礼者なのである。

加えて、弘法大師は人びとが正しい信心を行っているか否かを問う存在でもある。現在でも「オダイッサンはわれわれを試す」という表現を耳にするように、大師はさまざまな姿形をとりながら——しばしばみすぼらしく汚らしい乞食の姿に身をやつし——人びとの前に現れ、善なる人には福徳を、悪なる人には厳罰を与えると考えられているのである。勧善懲悪、信賞必罰、善因善果・悪因悪果を主題としたあまたの大師伝説が、こうした観念を重層的に補強し、信仰上のリアルを生み出しているのはいうまでもない。つまり、接待者にとっては、托鉢に訪れた眼前の遍路はたとえどのような姿形であれ、そしてどのような立ち振る舞いを行ったとしても、大いなる霊力を持った大師その人である可能性を捨てきれないというジレンマに絡め取られるのである。

巡られる人びとの心性

昭和十六年（一九四一）生まれの愛媛県出身の詩人、村上護《むらかみまもる》はこうした巡られる人びとの心性を、子供時代の思い出として次のように語っている。

四国のほとりに育った者には、お遍路さんに馴染《なじ》みをもつのも、別段のこととは思えない。いつでも春先になれば、チリンチリンと鈴を鳴らし、おおぜいのお遍路さんがやって来る。その鈴の音を聞くと、報謝のために急いでわが家に帰ったものだ。多い日には、十数回と度重なることもあった。お遍路さんへの報謝（引用者注―接待のこと）は、たいてい子供の日課であった。私も物心ついたころには、竈《かまど》のかたわらにあった米櫃《こめびつ》に走り、ひとすくいの米を布施とし、軒先のお遍路さんに差し出したものだ。

……

そのころ、やって来る遍路の身なりはさまざまであった。白衣に笈、菅笠《すげがさ》に金剛《こんごう》杖《じょう》の本格派は少なくて、物もらいに近い遍路が多かった。へんど、へんどと軽んじて呼んでいたことを思い出す。けれども報謝に分け隔てはなく、与える米の分量は同じであった。そうするように、家の年寄りから教わっていた。

……

お大師さまというのは、もちろん弘法大師空海のことである。あるときは旅僧で、あるときは物乞いのへんどに身をやつして、いつ家の軒先に現れるかもしれない。四国にはそういう伝承がなお生きており、祖母などは深く信じるひとりでもあった。「もしもその人が、お大師さまじゃったらおおごとだよ。お遍路さんでもへんどでも誰でもええ、わけへだてなくお接待せにゃいけん」（村上　一九八四、傍点は引用者）

ここでは語り分けと弘法大師遍路信仰とが、民俗知の体系のなかで衝突していることが見てとれる。俗なる論理と聖なる論理のせめぎ合いとも言えよう。そして後者が想起される時、語り分けによってヘンドに投げかけられたネガティブな意味づけがポジティブに回収される可能性が常に存在する。これこそが巡られる人びとの心性であり、ヘンド概念を不徹底で曖昧なものとして限界づけ、結果として負の他者をも包み込む文化を産み出した構造なのである。

ささやかな寛容の思想

四国遍路の巡礼者である（とされる）遍路は、時に接待を求めて遍路道を逸脱する——。本章では、私たちの「常識」を覆す世界観を紹介した。巡礼者歓待習俗「接待」は、数ある日本の巡礼のなかでも、とりわけ四国遍路の特徴として言及されるものである。そして、これと表裏一体なのが、接待をよりどころに遍路として生きる人びとの存在であった。もうおわかりであろう。わらべうたの「遍路は歩かな食えぬ」は、そのような「遍路」をうたったものなのだ。巡られる人びとにとって、彼らはわらべうたに歌い込まれるほど、身近にあった。語り分けはそんな巡られる人びとが培ってきた文化なのである。

遍路として生きる人びとの存在と実践が、地元社会との間にさまざまな軋轢《あつれき》を生み出したこともすでに見た通りだ。ことに近代の〈分類のまなざし〉は、明確に彼らを排除することを指向した。だが、語り分けは必ずしも拒否や排除に直結するものではない。ヘンドと称されるネガティブな来訪者もあくまで四国遍路の枠内に留めおかれる。その思想的基盤に巡る弘法大師の同時代的なリアリティがあることを本章では指摘した。

先に述べたように、こうした語り分けやヘンドの記憶、あるいは弘法大師遍路信仰へのリアリティが濃厚に語られるのは昭和三十年代頃が一つの分岐点であり、それ以降の世代とは文化的な断絶があるように思われる。日本社会が高度経済成長を経験し、ある程度の社会福祉の充実が達成されたことで、生きる糧を獲得する場としての四国遍路の役割は低下した（ただ、少なくなったとはいえ、現代でも遍路として生きる人びとは歴として存在している）。さらには、モータリゼーションの進展によって、ほとんどの遍路がバスや自家用車を利用するようになり、歩き遍路は「一日に一人程度」と言われるぐらいに激減した。これは遍路との接触・交流の舞台が札所という限定された空間に押し込められたことを意味する。つまり、「巡られる」文化を広域に伝承する基盤が崩壊したのである。

昭和四十年代以降の文化的断絶を経て、近年、接待が四国のホスピタリティを表象する文化遺産として新たに注目されている。ただし、本章で見てきたように、それは手放しに賞賛されるような美談のみではない。ある意味で人間の限界を思いしらされるような不完全さを含むものであるかもしれない。だが、そのささやかな寛容の思想と技法に、現代の私たちが学ぶべきことも隠されているはずだ。光のあてかたや目の凝らし方によっては、格差社会あるいはグローバリゼーションといった多様な他者を産み出す現代社会の潮流に向かい合うための「知」を、そこに見いだすこともできるのではないだろうか。

四国遍路の現代的風景

歩き遍路ブームを読み解く

昭和から平成へ。二〇世紀から二一世紀へ。あるいは西暦一〇〇〇年代から二〇〇〇年代へ。私たちは近年、大きな時代の節目を経験した。思い返せば、私たちはなんと新しい時代にすんなりとなじんだことか。新世紀やミレニアムと呼ばれた未来的な時間は今や私たちの日常であり、昭和はもはや懐古される対象である。私たちが経験したそんな時代の移行期において、ささやかなスポットライトを浴びたのが四国遍路である。本章では、新しい時代に向かう潮流のなかで照らし出された四国遍路の現代的風景をまとめてみたい。

隆盛する四国遍路

ここ数年、四国遍路は脚光を浴び続けている。テレビや新聞・雑誌などに取りあげられる機会も増えたし、地元の四国では、目に見えて遍路が増えたという印象がすっかり定着した。「四国遍路の接待文化」の章で触れたように、昭和後期の四国では札所《ふだしょ》などの一部の空間以外で遍路を見かけることが激減していた。それが今日では、気がつけばあちこちで遍路の姿を見るようになったというわけだ。四国遍路が活況を呈している近年の状態を、ひとまず「平成遍路ブーム」と呼んでおきたい。

近年の四国遍路の隆盛を考えるうえで興味深いデータに、社会学者の前田《まえだ》卓《たかし》と佐藤久光による巡礼者数の統計調査がある（次頁図10）。これによれば、四国遍路の年間巡礼者数はこの四半世紀の間増え続けている。昭和五十三年（一九七八）には二万人に満たなかった四国遍路の巡礼者は、その後ほぼ一貫して増加し、平成十四年（二〇〇二）には約八万三〇〇〇人と、実に四倍以上になった。一方、西国巡礼は昭和五十三年には約八万人強と、当時の四国遍路を遥かに凌ぐ規模であった。その後も六、七万人台を安定的に推移していたのだが、近年は減少傾向にあり、平成十四年では五万四〇〇〇人と報告されている（佐藤　二〇〇四）。

かつて日本の代表的な巡礼は西国であった。巡礼が大衆化した近世期には巡礼をとりあげた多くの文芸作品が刊行されたが、その多くは西国を扱うものであり、四国遍路については、狂言『けいせいゐんぐわ物語　四国遍路』（一六九一）、近松門左衛門《ちかまつもんざえもん》『嵯峨天皇甘露雨《さがてんのうかんろのあめ》』（一七一四頃）、十返舎一九《じっぺんしゃいっく》『方言修行《むだしゆぎょう》　金草鞋《かねのわらじ》　四国遍路』（一八二二）などが知られているに過ぎない（河合眞澄　二〇〇七）。伊勢参宮や熊野詣でとの関連も深く、京都

図10　西国と四国の巡礼者数の推移

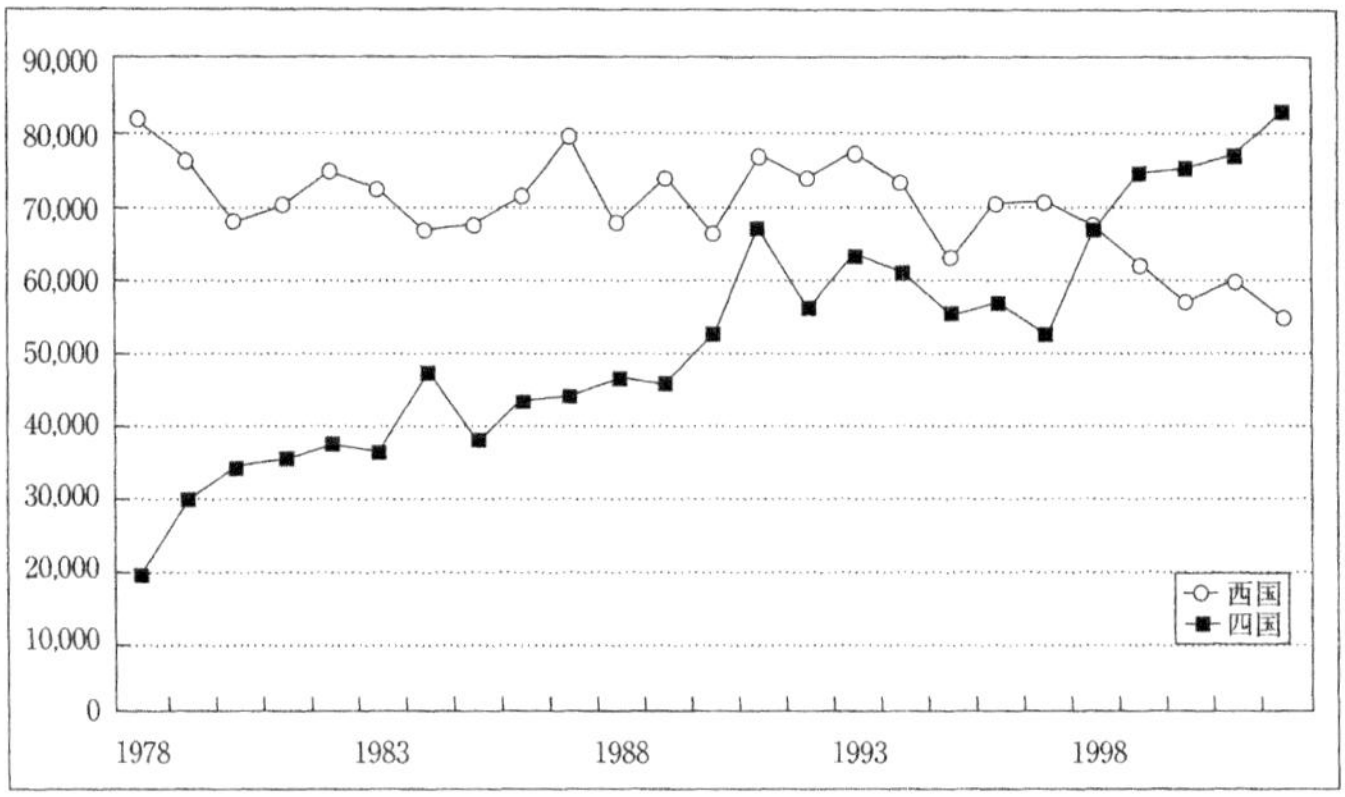

年次	西国	四国	年次	西国	四国
1978	82,033	19,285	1991	77,118	67,291
1979	76,519	30,283	1992	74,290	56,403
1980	68,316	34,315	1993	77,415	63,533
1981	70,674	35,414	1994	73,382	61,192
1982	75,243	37,743	1995	63,209	55,621
1983	72,903	36,359	1996	71,028	57,216
1984	67,053	47,648	1997	71,277	52,711
1985	67,781	37,956	1998	67,638	67,048
1986	71,814	43,361	1999	62,169	75,143
1987	79,619	44,155	2000	57,028	75,536
1988	68,442	46,648	2001	60,002	77,155
1989	74,147	46,148	2002	54,616	82,656
1990	66,416	52,501			

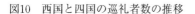

や奈良・大阪といった華やかな都市を擁する西国は、まさに日本の巡礼文化の中心的存在であった。したがって、両者の巡礼者数が逆転した昭和六十三年は、日本の巡礼史上の一つのターニングポイントと捉えることができよう。

メディアの中の四国遍路

もう一つ、四国遍路の隆盛を印象づけられるのが、「四国遍路の思想」の章でも触れた四国遍路をとりあげたメディアの報道や作品群である。これらも、やはり一九九八年頃から目にすることが多くなった。NHKの連続テレビドラマや教養番組に絞っても、『四国八十八か所　こころの旅』（一九九八年四月―二〇〇〇年三月）、『趣味悠々　四国八十八ヶ所はじめてのお遍路』（二〇〇六年九―十一月）、『ウォーカーズ　迷子の大人たち』（二〇〇六年十一月）、『街道てくてく旅　四国八十八か所を行く』（春編二〇〇八年三―六月、秋編二〇〇八年八―十月）などがあげられる。そして二〇〇九年九月からは連続テレビ小説（通称、朝ドラ）に、遍路宿の娘を主人公とする『ウェルかめ』（二〇〇九年九月―一〇年四月）が放送された。

巡礼の歴史や文化を紹介するような正統派ばかりでもない。異色のところでは、北海道のローカル局によって作成された伝説的な人気バラエティ番組『水曜どうでしょう』（北海道テレビ放送）がある。「四国八十八ヵ所完全巡拝」（一九九九年三月）、「四国八十八ヵ所II」（二〇〇〇年四―五月）、「四国八十八ヵ所III」（二〇〇二年四―五月）と三度にわたってシリーズ化されたその内容は、番組内の他の企画での罰ゲームとして、出演者に三—五日という常識を逸したスピード（通常の巡礼であれば、車を用いても七—一〇日程度かかる）で四国霊場をとにかく一周することを課すというものであった。Ⅱの撮影時には「怪奇現象」が起こったとされ、それをネタにしたドラマ『四国R—14』（二〇〇〇年十一—十二月）もスピンアウト作品として放送されている。

映画では、『死国《しこく》』（長崎俊一監督、坂東眞砂子《ばんどうまさこ》原作、栗山千明出演、東宝、一九九九年公開）、『釣りバカ日誌一四　お遍路大パニック！』（朝原雄三監督、やまさき十三《じゅうぞう》〈作〉・北見けんいち〈画〉原作、西田敏行主演、松竹、二〇〇三年公開）、『ロード88出会い路、四国へ』（中村幻児《げんじ》監督、村川絵梨主演、GAGA配給、二〇〇四年十一月公開作品）がある。小説では、同名の映画の原作である坂東眞砂子『死国』や、天童荒太《てんどうあらた》『家族狩り第四部——巡礼者たち』（二〇〇四年）、斎藤栄『四国殺人遍路』（二〇〇一年）、西村京太郎の十津川《とつかわ》警部シリーズ『四国お遍路殺人ゲーム』（二〇〇八年）があげられる。ホラー、コメディ、シリアスと、そのジャンルは幅広い。

漫画のなかにも四国遍路は登場する。『こちら葛飾区亀有公園前派出所』（通称『こち亀』、秋本治、『週刊少年ジャンプ』、集英社、単行本九五巻）「GO！GO！スタンプラリーの巻」では、小学生の間で流行していたスタンプラリーがテーマであったが、その説明に「まるでお遍路の旅みたいだな！」というやりとりが挿入された。ほかにも、『ギャラリーフェイク』（細野不二彦、『ビックコミック・スピリッツ』、小学館、単行本二一巻「同行三人」）、『じみへん』（中崎タツヤ、『ビックコミック・スピリッツ』、小学館、単行本四巻）などがある。二〇〇七年にテレビアニメ『サザエさん』（長谷川町子原作、フジテレビ放送）のオープニングで遍路装束をまとったサザエさんが五十一番石手《いして》寺を参拝するシーンが放送されたことや、サンリオのキャラクター「ハロー・キティ」の四国限定グッズにお遍路キティがあることもここで触れておくべきであろう。

メジャー化した四国遍路

もとより全部の情報を網羅することは困難なので、ここでは私の目にとまったものを列挙したに過ぎない。だが、ここであげただけでもさまざまなメディアが四国遍路を取り上げる現在の状況が理解できよう。ここで強調したいのは、マスメディアにおける四国遍路の位置づけの変化である。確かにそれ以前にも、早坂暁《はやさかあきら》の『花へんろ・風の昭和日記』シリーズ（NHK、一九八五、八六、八八、九七年）など、話題になった四国遍路の作品はあった。だが平成期においては、『釣りバカ日誌』や『こち亀』『サザエさん』『十津川警部シリーズ』などの「国民的作品」あるいは、NHK連続テレビ小説のような「ひのき舞台」においても四国遍路が取り上げられるようになったことが特筆される。

こうした事実は、四国遍路がいかに広範な人びとに受容されたかを物語る。正統派の教養番組やドキュメンタリーであれば、おそらく四国遍路に多少なりとも関心のある人びとしか観ないだろう。だが、「朝ドラ」や『釣りバカ日誌』、そして若者向けのマンガやドラマは、四国遍路への関心から手に取る人は相対的に少ないはずだ。逆にいえば、それだけ四国遍路が一般的な知識として定着していったということになる。

四国遍路の一般社会への浸透を語る事例としては、藤原紀香、稲森いずみといった人気女優が出演したテレビドラマ『ハッピーマニア』（フジテレビ、一九九八年七―九月）も印象深い。その最終回には、加世子（稲森いずみ）との恋愛のトラブルに直面した高橋（金子賢）が、父親に「反省の意思を証明して見せろ！」と四国遍路を命じられるシーンがある。だが安野モヨコの原作では、この場面は養蜂家として旅をすることになっており、四国遍路行きはドラマ版で変更された演出である。一場面とはいえ、およそ従来の四国遍路イメージからは場違いな、いわゆるトレンディ・ドラマにおいて、原作を変更してまで四国遍路が挿入されたことは、小学生も対象とする『週刊少年ジャンプ』の掲載作品である『こち亀』での登場と並んで画期的な出来事といえるだろう。

以上から、平成遍路ブームにおける四国遍路をめぐるメディアの状勢は、①四国遍路を扱った作品が増加した、②四国遍路が有名《メジャー》・著名な作品においても取り上げられるようになった、③四国遍路を扱う領域が拡大し、教養番組やドキュメンタリーのみならず、バラエティ、コメディ、ギャグ、オカルトなどのサブカルチャーの多様な文脈でも消費されるようになった、という三点が指摘できる。このようにして、四国遍路をめぐるさまざまなイメージがメディアによって再生産され、消費される状況は、現代社会にしっかりと根をおろした感がある。そこで消費される一つ一つのイメージは雑多に見えるかもしれない。しかし、別の観点から光をあてると、そこに共通した語り口を見て取ることもできる。それは歩き、若者（または定年）、接待の三つのキーワードで説明可能な現代四国遍路に特徴的な構造である。

平成遍路ブームのキーワード

現代の四国遍路における第一の特徴は、何といっても歩くことへの着目である。現在、われわれが見聞きする四国遍路の情報のほとんどは歩き遍路のものである。この転機になったのは、先述の『四国八十八か所　こころの旅』であるように思われる。これに先立つ平成二年（一九九〇）のNHK・BS『テレビ遍路　四国八十八か所　けさの霊場』に比べると、同じ四国遍路の札所寺院をテーマとしながらも、「歩く」という要素が大きく取り入れられた構成になっている。さらに『ウォーカーズ』や『街道てくてく旅　四国八十八か所を行く』では、歩くことがメインテーマに据えられ、タイトル化されるに至った。

第二の特徴は、「若者」や「定年」など特定の年齢層がクローズアップされる傾向である。たとえば、若者については、日本テレビのニュース番組『きょうの出来事』の「特集急増　若者たち　お遍路の旅に」（二〇〇二年十一月十三日放送）や、『週刊プレイボーイ』「「四国八十八カ所巡り」に出かける若者が急増中」（集英社、一九九九年二月十六日号）、小林キユウ『Ｒｏｕｔｅ88』（河出書房新社、二〇〇三年）などがあるし、後者についても、『趣味悠々』の他、『二人で歩きつづけたい――定年夫婦の四国遍路』（ＮＨＫＢＳ１、一九九六年五月六日放送）、『定年後もあなたと歩きたい――四国夫婦遍路の春へ』（一九九六年五月五日放送）、『列島リレードキュメント』「人生の午後は快晴　定年夫婦四国遍路」（一九九六年五月十六日）というある一組の夫婦遍路を追いかけた一連のドキュメントがある。

第三の特徴は接待の重視である。『四国八十八か所　こころの旅』でも、巡礼者を迎える地域社会の住民が再々取り上げられたが、平成十一年十月に放送されたＮＨＫ『新日本探訪』「お接待の心受け継いで～四国へんろ宿の秋」では、接待そのものにスポットがあてられた。天童荒太『巡礼者たち』でも、巡礼ではなく接待への参加が、物語の大きな展開に繫がることになる。こうした接待者の側から巡礼を眺める視点での描かれ方は、あまりなされてこなかったものといえよう。

これらは実際の現象ともリンクしている。歩き遍路は平成五年から平成十四年の一〇年間で、約六倍にもなったことが報告されているし、その年齢層についても六十歳代、五十歳代、そして二十歳代にはっきりとしたピークが見られる（愛媛県生涯学習センター編　二〇〇一および二〇〇三）。さらに後述する牟岐《むぎ》町お接待の会など、近年に新しく接待の活動を始めた個人や団体も少なくない。三つのキーワードは互いに関連しあって、ひとつの運動体《ムーブメント》を形成しているようにも見える。

　ただし注意したいのは、これら三つのキーワードはいずれも四国遍路の周辺的なもの《マージナリティ》、あるいは少数派《マイノリティ》だということである。歩き遍路が増えているといっても、一〇万人前後とも言われる巡礼者全体に占める割合はわずか数パーセントに過ぎない。また巡礼はこれまで宗教的実践と理解されてきたが、そうしたものと若者とは、どちらかといえば縁遠い存在と認識されていたはずである。現在、定年を迎えている世代もかつては団塊の世代と呼ばれた、信仰や宗教あるいは伝統文化などから距離をとった人びとではなかっただろうか。接待についても同様である。接待は巡礼者に対するサポート、すなわち付随的な行為であり、中心的実践ではない。接待のない巡礼は成立しうる（現に四国遍路以外の多くの巡礼でそうなっている）が、逆の場合、それはもはや巡礼と呼ぶことが許されるのだろうか。

　以上のことを考えると、平成遍路ブームの主役は、巡礼を宗教的実践と位置づける伝統的な解釈から距離をとる人びとであることが見えてくる。星野英紀は、現代の歩き遍路のかなりの部分に共通するものとして、宗教や信仰を明確に否定し、「人生のリフレッシュ」「チャレンジ精神」「自分探し」「癒し」といった用語で自らの巡礼を説明しようとする傾向を指摘する（星野　二〇〇一）。結論を先取りするならば、歩きや若者・定年、そして接待というキーワード群はこのような遍路体験の新しい意味づけを連携して支持する構造をなしているのである。ここでは、「四国遍路の思想」の章での宗教儀礼と再生の観念の議論を継承し、歩き遍路が現代の「通過儀礼」として再発見されているのだという視点で読み解いてみよう。

巡礼と通過儀礼

通過儀礼はアーノルド、ファン＝ヘネップが提唱した学術用語である（「タブー」や「カリスマ」などのように、文化人類学・民俗学や社会学の学術用語を源として一般化した言葉は少なからずある）。彼は連続的な時間を「意味」の次元で分節化し、人びとの社会的な地位や役割、生への意味づけ（アイデンティティ）といったものを更新するものを通過儀礼と呼び、そのプロセスにおいてしばしば社会的空間的な境界領域を実際に通過するという舞台装置が設けられることを指摘した（ファン＝ヘネップ　一九九五）。

とりわけ子供から大人へと転換される通過儀礼を、成人儀礼（イニシエーション）と呼ぶ。かつての日本の民俗社会では元服や「袴祝い」「ゆもじ祝い」などと呼ばれる通過儀礼によって、一定の年齢に達した男児・女児は婚姻資格を有した社会集団の構成員である「若者」や「娘」になったのである。そして、ファン＝ヘネップが通過儀礼の一つとして例示したのが巡礼であった。民俗学も、一人前の大人になるための条件として四国遍路や西国巡礼が行われた時代や地域があったことを報告している。図11はその様子を描いた戦前の絵馬である。だが、このような地域共同体に埋め込まれた通過儀礼としての巡礼は、地域社会そのものの変容によって、ほぼ消滅している。

図11　娘巡礼の様子を描いた絵馬

　一方、戦後の日本社会においては（良くも悪くも）「会社」が人びとの生を方向づけるものとして強く意識され、また機能してきた。学校を卒業し、企業等に就職することを「社会人になる」と表現することはこうした意識を端的に示している。二十歳代や五、六十歳代は、そうした会社勤めによる自己の存在確認という枠組みの外側ないしは周辺にある世代である（五十歳代は、早期退職制度やリストラによる早まった定年とも、定年後の人生への準備とも、あるいは定年退職を迎えた夫の配偶者たちとも捉えることができよう）。歩き遍路の年齢分布に見られる偏りからは、社会的な位置づけを再構築する必要に直面した人びとが、現代の通過儀礼として四国遍路を再発見したと理解することができる。四国遍路は、日常世界から意味的に切り離された「聖地」であり、社会的境界領域にほかならない。そこを自らの足で歩き巡るという行為が注目されているということは、民俗社会に埋め込まれていた成人儀礼が喪失し、変わって市民社会が用意した「成人式」も十分に機能せず（毎年ニュースになる「荒れる成人式」を思い出していただきたい）、終身雇用制度の崩壊（この点、社員旅行と歩き遍路を対比させて考えるといろいろと面白い）や、ライフスタイルの多様化によって、人生の節目が曖昧なままに放置されるようになった現代社会において、個人の要請にもとづき、自ら紡ぎ上げられる新たな通過儀礼としての役割を四国遍路に見いだされたのである。

「自分探し」と歩き・接待の役割

ここにおいて、巡礼路を歩くことは、自らの肉体を酷使し、疲弊するという身体的実感を伴うことが重要である。思索の果てに「我思う、ゆえに我あり」というテーゼに行き着いたのはルネ・デカルトであったが、歩き遍路ではまさに自らの足で歩いている／歩けている自己を発見することが、新しい出発点を見いだすきっかけとなる。そんなささやかな自己を再び価値あるものとして社会につなぎとめる装置が接待にほかならない。「四国遍路の接待文化」の章で述べたように、接待は宗教的なシステムと経済的なシステムが交錯する交換関係であった。だが、現代の接待は、むしろ金品以上に温かい言葉や気持ちを交わすコミュニケーションと理解されている。歩き遍路を行っていると、「エライね」と声を掛けられることがある。私にこの言葉をかけてくれたある接待者は、この「エライ」には労《ねぎら》いと尊《たっと》びの両方の意味があるのだと語った。現代の歩き遍路がしばしば直面することに、接待される自己への戸惑いがある。自分の都合で歩き遍路を行っているのに、全くそれに関係のない他者が労いや尊びの言葉や気持ちを投げかけてくれるのはなぜか。自らにそんな価値があるのか。という問いである。このことは、アイデンティティをどうにか再構築する手がかりを得た自己に、それでよいのだという承認を与えることにつながる。儀礼の重要な役割は、当該の人物の属性が変更されたということを社会に知らしめることである。結婚披露宴の例を考えればわかりやすいだろう。時に、札所での祈りをしのいで接待こそが巡礼の魅力や価値として記憶されるのは、こうしたコミュニケーションの回路を通して、自己と、そして自らが再統合される社会すなわち他者とを共に価値あるものとして、戸惑いつつもポジティブに位置づけることが可能になるからである。

歩きや若者、定年といった特定の世代、そして接待の三つのキーワード群はこのように絡み合い、四国遍路の現代的な魅力を創造し続けている。それは社会制度としての通過儀礼が喪失された現代社会において、自らのアイデンティティの揺らぎをなんとか乗り越えようとした人びとが、巡礼と通過儀礼との結びつきという地下水脈を掘りあて、再び活用し始めたことを示している。現代の歩き遍路がしばしば「自分探し」と結びつけられる理由がここにある。個人個人がリアルなものとして体験したり実感したりすることが可能な、いわば個人化された通過儀礼として四国遍路が再発見されたこと。これこそが平成遍路ブームの核心にあるのである。

遍路道再生運動

遍路文化の「発見」

「四国遍路の思想」の章で星野が現代の歩き遍路の主役は都市の居住者と指摘したが、逆に四国遍路の地元にとって平成遍路ブームは外部から思いがけずに投げかけられたまなざしであった。これを四国の側に主体的に取り込み、四国の地域社会を意味づける「伝統」や「文化」として積極的に活用する動きが二〇〇〇年頃より顕著に見られるようになった。平成遍路ブームに対する四国側からのリアクションともいえよう。私はこれを「遍路道再生運動」と総称すべきものと捉えている。

遍路道再生運動は、四国遍路の巡礼路「遍路道」を空海以来の一〇〇〇年の伝統を持つ歴史遺産として、また接待などの諸々の習俗を四国固有の文化遺産「遍路文化」として再発見・再生し、これらを未来に継承すべき四国四県の共有財産として位置づけ、内外に発

図12　巡礼路再生運動

（四国）
（秩父）
（熊野）

信しつつ、観光や地域づくりなどに活用する方向性を持った運動体《ムーブメント》である（浅川　二〇〇八）。具体的には、世界遺産登録運動や、遍路道の整備活動、歩き遍路や接待などの体験学習などがあげられる。伝統的な巡礼路の再生運動は、サンティアゴ巡礼における「カミーノ（Camino）」、秩父三十四観音巡礼における「江戸巡礼古道」、そして「熊野古道」などにも見られる。その意味ではむしろ「巡礼路再生運動」（Pilgrims' Footpaths Renewal Movement）と一般化すべきであろう。だが、四国遍路では特に「遍路道」という言葉がこだわりをもって用いられるので、四国遍路を対象とする限りは遍路道再生運動としておく。

遍路ブームと架橋ブーム

遍路道再生運動の時代的背景には、次の三つの社会的潮流が指摘できる。

①ＮＨＫのテレビ番組『四国八十八か所　こころの旅』によって加速した平成遍路ブーム
②明石海峡大橋やＸハイウェイの開通などの四国の交通体系の劇的な変化
③ミレニアムや二一世紀という時代の節目の意識がもたらした未来的ヴィジョン

すでに述べたように、歩き遍路の復活を中核とする平成遍路ブームは一九九〇年代頃から確認できるが、これを社会現象として定着させたのがＮＨＫの『四国八十八か所』である。単発の特別番組ではなく、四国遍路の情報が毎週繰り返し放送されたことの意味はやはり大きい。同番組は二年かけて、四国遍路への内外からの関心を掘り起こし、醸成していったともいえよう。おかげで放送が終了する平成十二年（二〇〇〇）前後には四国遍路のブーム的状況を地元でも強く意識するようになっていた。

同番組の放送が開始された平成十年四月五日は四国遍路の歴史において特筆すべき日で

あるが、同時に四国の地域史にとっても歴史的な一日であった。明石海峡大橋の開通である。本州四国連絡橋は三ルートあるが、明石海峡大橋は、神戸・大阪という大都市と四国を直結した点が特筆される。翌年には愛媛県今治市と広島県尾道《おのみち》市を結ぶしまなみ海道が開通したことで三つの連絡橋が完成し、一九八〇年代から運用されている瀬戸大橋と合わせて、四国は本格的な架橋時代に入った。これらの連絡橋に接続する四国島内の高速道路網の整備も進められ、平成十二年三月十一日には、四国四県の県庁所在地を高速道路で直結する通称「Xハイウェイ」が完成する。これら歴史的プロジェクトの完成によって、

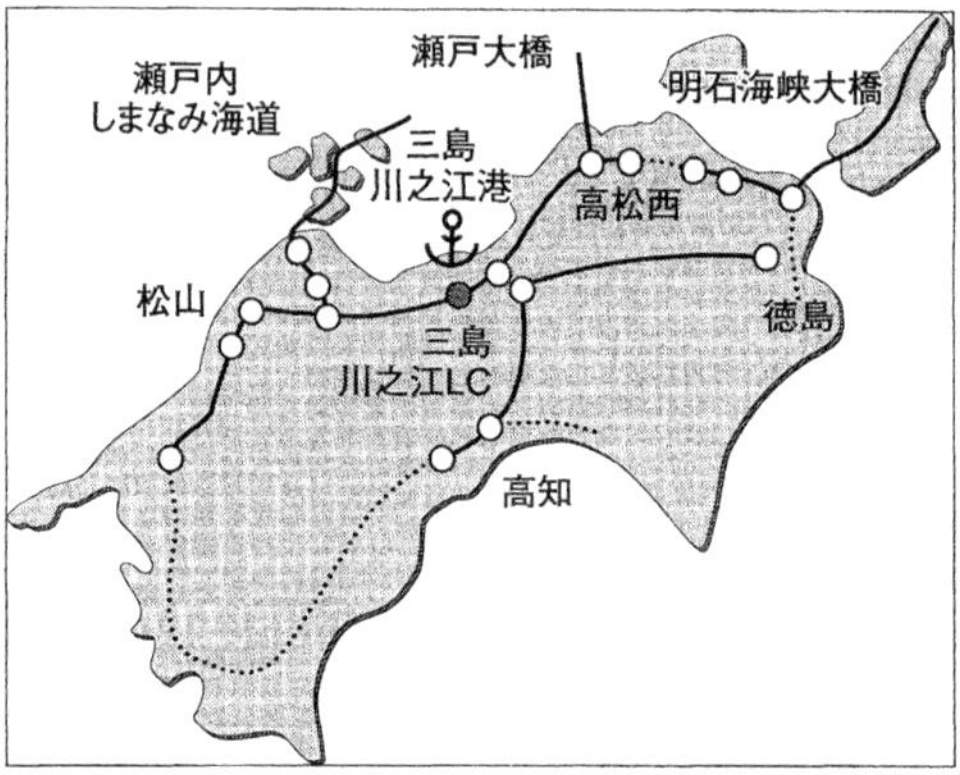

図13　Xハイウェイ（2002年7月21日段階）

四国の交通体系は革命的に刷新された。四国と関西・中国地方間の、あるいは四国島内の移動にかかる所要時間は劇的に短縮され、四国への観光がブームになった。四国遍路においても、京阪神や瀬戸内地域から、多くの札所が日帰りで巡礼できるようになり、高速道路網のメリットをフル活用した日帰り巡礼ツアーが登場するなど活況を呈した。

歴史的な「節目」の意識から

すなわち遍路道再生運動は、遍路ブームと架橋ブームという四国に向けられた聖俗の複眼的まなざしから産み出されたものなのである。当時、四国に向けられた関心を一過性のものに終わらせてはならないという危機意識や、「島国」であり「後進」地域であった四国の積年の思いが結実したインフラの果実を手に入れた次に、いったい何をなしうるのかという問いかけが、行政や経済・観光業界においてなされていた。同時に、いままさに自分たちが「新世紀」や「ミレニアム」という時代の節目にあるという意識が、さまざまな想像力をかきたてることになった。一〇〇年、一〇〇〇年といった超長期的なパースペクティブで地域社会の未来像が模索あるいは空想されるなかで、地域づくりやツーリズムの資源として再発見されたのが、社会的に注目され、知名度が高まっていた四国遍路だった。とりわけ、遍路道はすでに一〇〇年、一〇〇〇年の歴史的な重みを持つものと再評価され、漠然とした未来構想に具体的な手がかりをあたえるものになったのである。

多様な活動と先駆的な試み

遍路道再生運動は、地域行政、産業界、教育機関、民間団体・個人（ひとまず官学民とくくっておく）といった多様な活動主体《エージェント》を持つ。先駆的試みとしては、宮崎建樹《たてき》氏の一連の活動があげられる。宮崎氏は「へんろみち保存協力会」という組織を立ち上げ、古道の再生や草刈り奉仕作業、徒歩巡礼団「へんろみち一緒に歩こう会」の実施などを行ってきた。なかでも特筆すべきものが、歩き遍路の実践的なガイドブックである『四国遍路ひとり歩き同行二人』の出版である。一九九〇年に初版が刊行され、二〇一〇年三月には第九版を数えるに至った同書は、「歩き遍路のバイブル」と称されるなど、歩き遍路ブームを支える定番の書籍になっている。宮崎氏の活動を「民」主体とすると、「官」がベースのものには、一九八〇年代に建設省と環境庁がそれぞれにとりくんだ「四国の道」がある。これは、遍路道をモデルに整備された遊歩道であり、建設省ルートは、第三次全国総合開発（三全総）の長距離自然歩道計画の一部をなすものであった。学術・教育機関によるものでは、一九六〇年代に行われた文化財保護委員会の「四国八十八ケ所を中心とする文化財調査」（一九六四―六七）があげられる。ただし、ここでは主として寺院や本尊が焦点化されており、道なるものがとりわけて重要視されたわけではなかった。

これら先駆的な試みはどちらかといえば、個別的に行われたものである。それに対して、近年の遍路道再生運動では、さまざまな活動主体が思想や方向性をある程度共有しながら緩やかなネットワークを形成しながら行われていることに特徴がある。その活動内容は多様であるが、大まかに整理すると、①物理的な「道」の保全・整備を重視するもの、②抽象的な「文化」の見直し・発信を重視するもの、③学術的な研究・教育を主眼とするものなどがある。ここでは、遍路道再生運動の概念を理解する適例として「四国いやしのみちづくり」事業と牟岐町お接待の会を紹介したい。

四国いやしのみちづくり

「四国いやしのみちづくり」事業（以下、「いやしのみち」と略記）は、平成十二年（二〇〇〇）一月に当時の徳島県知事・圓藤寿穂《えんどうとしお》が、徳島県の二一世紀記念事業の一つとして提唱した遊歩道整備事業である。圓藤元知事は、県の広報誌『OUR徳島』二〇〇〇年一月号において、二〇世紀をF1に、二一世紀をソーラーカーに例え、アクセル全開の経済成長の世紀から、適切なスピードで走る調和と環境の世紀へというヴィジョンを示し、経済的豊かさへの偏重から、文化的・生活的な豊かさへの転向を、「すばらしいふるさと」を築くための政策の方向性として述べている。いやしのみち構想はその冒頭に位置づけられた。ここでは遍路道を「一二〇〇年の歴史」に基づく歴史文化遺産と捉え、これを保存・復元・活用すると同時に、周辺の歴史文化資源をつなぎあわせることで、「固有の歴史や文化にふれ、四季折々の自然を楽しみながら、優しさや、美しさを肌で感じ、心を豊かにする」「徳島の二一世紀への宝づくり」と説明されている。

この提言を受けて、徳島県は学識経験者や巡礼実践者を交えて公開検討会を実施し、いやしのみちの目的を、「へんろみちや四国のみちを基本とし、周辺の歴史文化資源をつないだ歩く道づくりを県民と行政が協同で行うことにより、地域の歴史・文化、自然等の再確認をしていただくとともに、県外の人びとに情報発信することにより、交流促進及び地域の活性化を促進する」こととする指針をまとめた。具体的な事業の方向性としても、遍路道等からメインルートを選定し、これに「自然、景観、歴史文化資源、お接待など」の「いやしスポット」を含んだ周遊性のあるテーマルートを「サブルート」として接続させることが定められた（徳島県編　二〇〇一）。

いやしのみちの特徴をまとめると次のようになる。①一九八〇年代に建設省や環境庁が整備した「四国のみち」や、徳島県教育委員会が平成十年（一九九八）より進めてきた「徳島県歴史の道」の調査報告など、過去の行政事業による蓄積を踏まえ、②住民参加型で進められる新しい形の歩道整備事業であり、③接待等の文化から導かれた「もてなし」という心的テーマや、④四国遍路の「伝統」や周回的構造につながる「四国」を全体的・永続的に捉える超空間的・超時間的視点が埋め込まれている。さらに事業の中核に四国遍路を設置しながらも、「いやしスポット」や「サブルート」という仕掛けによって、⑤その周辺空間をも取り込む広範な発展性を確保したものにもなっている。つまり、いやしのみちは単なる巡礼路の整備事業ではない。「昔ながらのへんろみちなどを基本ルートとし」つつも「新たな寄り道スポットをプラスした」ものであり、「徳島の魅力をもう一度見つめなおし、歴史文化資源などに光を当て交流も活発にして、地域を活性化しようとするもの」（徳島県編　二〇〇四）として構想されたものなのである。

祈りの道から表象の道へ

平成二十年（二〇〇八）三月の時点で、徳島県で事業に登録・参加した市町村は、麻植《おえ》郡鴨島町（現・吉野川市）、名西《みょうざい》郡神山町、板野郡上板町、勝浦郡勝浦町、勝浦郡上勝《かみかつ》町の五地域である（表2）。各地域では策定されたルートとテーマをもとに、休憩所やトイレ、案内板の設置やルートマップの作成、ゴミ拾いや接待の実践などの活動を行っている。ここで興味深いのは、テーマやルート、それに「いやしスポット」がどのように設定されたのかということである。たとえば、最初の登録地域の鴨島では「水」がテーマになり、「江川湧水源」という地元の名所がク

表2　いやしのみち登録地域

	地域	登録年月	ルート名	近辺の札所
1	鴨島町	二〇〇一年六月	四国三郎をまたぐ、最後まで残った空海の道	十一番藤井寺
2	神山町	二〇〇二年三月	衛門三郎を偲ぶ、最後まで残った空海の道	十二番焼山寺
3	上板町	二〇〇三年七月	かみいた路・道・未知　和《なごみ》ロード	六番安楽寺
4	勝浦町	二〇〇四年三月	みかん・もてなし・ふれあいロード	二十番鶴林寺
5	上勝町	二〇〇六年九月	穴禅定・月の宿・やすらぎロード	番外慈眼寺

図14　江川湧水源

図15　川島橋

図16　いやしの舎

ローズアップされた。鴨島は現在の吉野川市の中心地である。十一番藤井寺に至る遍路道は町の西南側をかすめるように走っている。鴨島ではこの遍路道をメインルートとし、やや東側に入った西麻植地区の江川湧水源を経由する道をサブルートとした。江川湧水源は、湧水の温度が夏は冷たくて冬は暖かいという水温異常現象で知られており、環境省選定の全国名水百選や県の天然記念物にも指定されている「鴨島町のシンボル的存在」である。

ルート名に「四国三郎をまたぐ」とあるように、このルートへは吉野川にかかる潜水橋であり、四国遍路のビューポイントである「川島橋」を渡って入る。ルートやテーマの設定、事業内容の具体的な行動計画は、「鴨島塾」と名づけられた住民・参加者会議で検討された。川遊びや、江川湧水源の水温異常現象を実際に体感してほしいという意見が出されるなど、水とのふれあいが鴨島ルートのテーマ設定に大きな役割を果たした。平成二十二年度には江川湧水源に隣接してトイレ兼休憩所「いやしの舎」を設置し、周辺の歩道整備と合わせて、鴨島地区におけるサブルートが完成した。このサブルートが興味深いのは、十番から十一番札所へは遠回りになるという意味で、歩き遍路に合理的ではないということである。むしろ、鴨島のシンボルである江川湧水源を「いやしスポット」として提示することで、ソトからくるお遍路さんたちに見て・知って・体験してほしいという地域住民の欲求から生まれてきたものと言えよう。つまり、「いやしのみち」で作られていくのは単なる歩くための道ではない。むしろ、地域が対外的に発信する価値観や意味性から創造された「表象の道」でもあるのである。

牟岐町お接待の会

牟岐《むぎ》町お接待の会は、徳島県海部《かいふ》郡牟岐町で春秋に三ヵ月ずつの接待を行う団体である。牟岐警察署のむかいの敷地に仮設テントとプレハブからなる接待所を設置し、約八〇名の会員が二―四名ずつ交替で茶菓子の接待を行う。当番の会員は朝九時から午後一時まで接待所につめる（平成二十二年〈二〇一〇〉三月現在）。これは多くの遍路が二十三番薬王寺《やくおう》を擁する隣町美波町日和佐《みなみひわさ》に宿泊するという事情を踏まえたものである。薬王寺から接待所までは約一六キロの道のりであるので、早朝に出発する遍路から朝一番（全ての札所は七時に開門する）で薬王寺を参拝する遍路が牟岐町に到着するのはだいたいこの時間になる。それ以降は無人ではあるが接待所は開放しており、休憩とお茶の接待は受けることができる。

会員の多くは中高年世代である。その意味では彼らは接待文化の伝承者といえよう。だがこの組織は伝統的な接待講《せったいこう》ではない。接待講とは個人ではなく集団で接待を行う組織である。民俗学者の真野俊和《しんのとしかず》は、地元の人びとによるものを村接待、関西や中国、九州などの遠隔地からやってくるものを接待講と分類した（真野　一九八〇）が、ここでは両方をふくめて接待講としておきたい。たとえば、毎年春に薬王寺で活動する紀州接待講は、和歌山県紀《き》ノ川流域の市町村からやってくる集団である。かつて近世期に難破した漁師たちが二十三番薬王寺の本尊の導きによって救われ、その御礼として接待活動を開始したという伝承を持ち、以来二〇〇年に渡って接待を続けている。高野山《こうやさん》にほど近い地域に住む彼らもまた弘法大師信仰を共有するものであり、接待所の脇には自前の弘法大師像が置かれ、接待を受けとった人びとはこれに祈りを捧げるようになっている。接待講は戦前期に数多くなされていたが、こんにちでは同じ和歌山から一番霊山《りょうぜん》寺にやってくる有田接待講など数えるほどしか残っていないという（前田　一九七一）。

図17　牟岐町お接待の会

図18　紀州接待講

牟岐町お接待の会が興味深いのは、彼らが既存のボランティア組織を母体として平成十二年に結成された全く新しい組織であり、こうした接待講を直接的なルーツとするものではない点である。当時の牟岐警察署長の発案で警察署の敷地内に接待所を設置していたものであるが、半年後に諸事情からその活動を住民へと委譲することになり、その受け皿として発足したのが同会である。そのため牟岐町お接待の会は、牟岐町ボランティア連絡協議会（平成九年五月発足）の下部組織に位置づけられており、①配食、②交流、③行事支援、④環境美化の四つの部会のうち②の主たる活動をになっている。実際には多くのメンバーが部会を掛け持ちしており、町内の独居老人への配食サーヴィスや町おこしイベント「内妻《うちづま》あじさい祭り」の支援、四国全域で行われる官民一体型の道路清掃ボランティア活動「88クリーンウォーク四国」への参加など、会およびメンバーの活動は多岐にわたる。接待活動についてもさまざまである。休憩所および茶・菓子の提供という基本活動に加えて、遍路道を花で彩るために花の種を配ったり、遍路宿の情報提供や、有志のメンバーによる遍路古道の再生なども手がけている。遍路古道の再生については、同会の中核メンバーのひとりF氏が中心となり、彼自身の記憶や地域の伝承、石仏や丁石《ちょうせき》などを手がかりに古道を特定し、草刈りや路面の整備、サインの設置などを行っている。これまでに牟岐町内の大坂峠、松坂峠と美波町山河内のよここ峠、徳島と高知の県境の古目峠などを再生

図19　牟岐町お接待の会による遍路道再生（大坂峠）

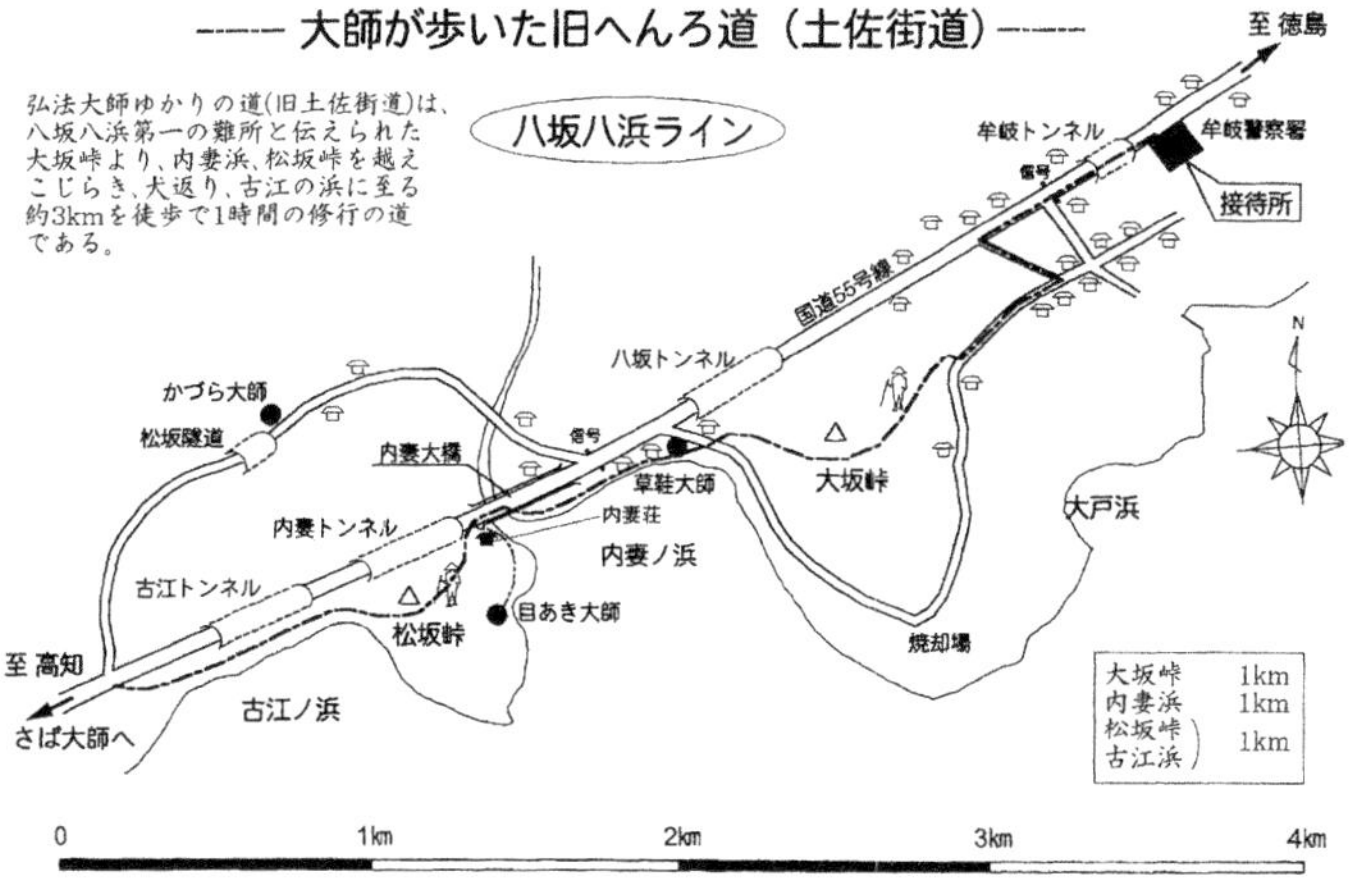

図20　接待所で配布される地図

した。いずれも、この区間の遍路道である国道五五号線（旧土佐街道）の改良工事によってトンネルや橋梁がパスするようになった峠道である。接待所では図20のような地図を配布して、トンネルや固いアスファルトの路面を忌避する遍路、山道を好む遍路に紹介している。

「楽しみ」や「生きがい」としての接待

これらの諸活動の根源にあるものが弘法大師信仰と説明するメンバーは少ない。むしろ、好まれるのは楽しみや生きがいといったキーワードである。そこでは、過疎化や高齢化によって地域社会から魅力や活力が失われつつあるという危機意識が色濃くある。ボランティア活動はそんな地域社会を助け合いで支えるものである。ここに外部からのまなざしによって価値を認められた「伝統文化」として掘り起こされた接待を接続したものが同会の接待活動の構造となっている。

牟岐町お接待の会の特徴の一つに「試行錯誤」と「進化」があげられる。接待所は警察署の敷地に建てられた仮設テントから出発し、その後、署の耐震工事の関係で敷地が提供されなくなるという危機を乗り越えて、現在地に発展的に移設された。新しい接待所は雨風をしのげる倉庫兼会員の休憩所としてプレハブを設置したほか、電気・ガス・水道が引かれ、天候に応じて温かい飲み物や冷たい飲み物を提供できるようになっている。さらに住所を獲得したことで郵便配達がなされるようになったことも大きいという。接待を受けた遍路からの御礼の手紙はメンバーにとっての喜びであり、励みになるからである。

　発足から一〇年を迎える同会は、会員の高齢化が進み、現在では設立時のメンバーが四分の一しか残っていない状況にある。会員ではあっても老いや体調不良でシフトに入れない会員も少なからずいる。そんななかで、自分たちにできることと、お遍路さんに喜んでもらえることを試行錯誤で摺り合わせながら、記帳ノートや手紙などに綴られた感謝のことばを励みにしつつ、個々人の趣味や楽しみ、生きがいとして、あるいは外部に「牟岐」をアピールするツーリズムや地域おこしのきっかけとして活用の方向性を模索する。彼らはそんな進化する接待集団なのである。

虚空の道のかなたに

室戸岬への遍路道

遍路道再生運動の基盤の一つに巡礼者の古道志向がある。田畑の中を行く小道（たとえば四番大日寺への道など）は土の感触を足で確かめながら、穏やかでのどかな田園風景を楽しむことができるし、舗装された道路であってもひなびた街路（六番安楽寺に至る上板町の道など）は地元の人びととの交流を楽しむ舞台となる。焼山寺への登山道「へんろころがし」のように険しい難所であっても、巡礼者同士励まし合いながら乗り越えていくなかで仲間意識が醸成されるし、これまでの歴史の中で同じ場所を歩いたであろう幾多の巡礼者の足跡に重ね、そして山深い自然の生命と一体となる感覚を味わうことができる。いずれにせよ普段われわれが利用している機能的な都市の道ではないところが魅力なのである。

だが、現代の遍路道は好ましい古道や小道だけで構成されているわけではない。幾分興ざめな一般道路を歩かされることもままある。とりわけ国道に代表される幹線道路は「車の道」であって歩くためのものではないということが強く実感される。たとえば十七番から十八番に向かう際に国道五十五号の徳島南バイパスを通るが、片側二〜三車線のこの道は徳島県内でも一、二を争う幹線道である。車の騒音、排気ガス、舗装道路、大型店舗といった都市的な景観は、たとえわずかな区間でも歩き遍路の魅力を減衰させる。そんな「車の道」が延々と続くのが、二十三番薬王《やくおう》寺から二十四番最御崎《ほつみさき》寺に至る七五キロの「室戸岬への遍路道」である。途中に徳島県と高知県の県境を含むこの区間は、ほぼ全区間が国道五十五号と重なっており、巡礼者は排気ガス、アスファルトの固い路面、疾駆する車の恐怖などにさらされる。景観も単調である。室戸《むろと》岬が望める「伏越《ふしごえ》の鼻」から先は左に海、右に山、上に空、

図21　室戸岬への遍路道（室戸側から徳島側を振り返る）

図22　室戸岬

足元に道という構図が連続する。車の速度なら快適なドライブコースになるかもしれないが、徒歩ではそんな特徴的な景色も次第に見飽きたものとなり、かといって適当な休憩所もなく、足の痛みや疲れを引きずりながら、黙々と歩くしかない。人と会う機会も少ない。

とりわけ高知県東洋町野根《のね》から室戸市入木《いるき》までの約九キロは人家が全くない。自動販売機すら存在しないため飲料水にも困ることになる。私自身、暑い夏の盛りに水を切らしたままこの区間に突入するはめになり、疲労困憊した経験がある。そんな単調で退屈で危険な道、古道歩きや他者との交流といった歩き遍路の魅力がまるで皆無な空間が巡礼者に敬遠されがちなのも無理からぬ話ではないか。

だが、私はある時、自身の歩き遍路を振り返るとこの道こそが印象深く、重要な気づきを得る場になったと語る経験者に立て続けに出会った。彼らがそこで体得した境地は人生のなかで決定的なものであり、その後の彼らの歩みを方向づけているのだという。本節では私が強く引きつけられたこの語りから、現代の四国遍路が新しい宗教性・聖性を紡ぎ上げげつつあるのだという見取り図を紹介したい。

達成感から人生観へ

千葉県在住の西山夫妻（仮名）は、夫Tさんが昭和十四年（一九三九）生まれ、妻Mさんが昭和二十二年生まれである。子育てが一段落し、Tさんの定年退職が現実的になった平成六年（一九九四）に、最初の歩き遍路に出かけて以来、夫妻はその魅力にとりつかれてしまった。毎年春に八―一〇日程度の日程で区切り打ちを続け、四年をかけて八十八ヵ所を一巡した。その後、春の歩き遍路は西山家の年中行事として定着した。平成十九年現在、夫妻の歩き遍路はのべ九回目で二巡目の途中にあり、二十一年に二度目の満願を迎える予定になっている。そんな西山夫妻は室戸岬への遍路道の不思議な「魅力」を次のように語る。

（T）僕は室戸に行く、何でもないあの嫌な道が割と好きなんですよ。あれが修行の道だと思うわけ。ものすごく辛いんですよ。車に乗れば楽なのに二日も三日もかけて歩くわけでしょ。

（M）私はそえみみず*の山道が一番好きだね。室戸の道もあんなの……と思ってたけど、まあ良いのは良かった。遥か後ろを見ると「あんなところから来たんだ」という達成感はありますね。

（T）最初はね、（前方に見える）あれが室戸岬かと思うわけ。はるか向こうだから。ずーっと行くと、また次に岬がでてくる。また行くとまた出てくると。で、後ろを振り返ると、もう見えないぐらいの遠いところから来てる。あれもまた一種の感動あるよね。あ、自分の足でこんなに歩けるのだと。

◇　◇　◇

（M）私は、一回目はマメを大きくしすぎて途中バスに乗ったりしたんですけれども。それでも、自分の足で、四国をずっと、周り切れたという、その感動が大きかったかな。少しずつでも、積み重ねていけば何でもできる、というか。人間の力というのはたいしたものだなぁ。

(T) 室戸への道を歩いていると感じるよね。こんなに歩いてきたのかと。

(M) 一歩一歩はほんとうに三〇センチか四〇センチなのに、振り返ってみれば、あそこから来たんだ、というその膨大な距離。なんか自分に、やれるんだ、みたいな力、勇気がわくというか。

*高知県高岡郡中土佐町久礼から四万十《しまんと》町に至る遍路道。代表的な遍路古道として人気が高い。

実はこの語りは、平成八年に徒歩巡礼を体験した人びとを対象に、その後一〇年という期間をおいて当時の体験を振り返るというテーマで、平成十九年に実施したインタビューの一つである（早稲田大学道空間研究所編　二〇〇七）。夫妻は室戸岬への遍路道が一般的には不人気であることを承知している。Mさんも「そえみみず」のような道をTさんは「割と好き」という言い方で肯定的に捉え直す。そんな道を好みとしながらも、室戸岬への道の魅力について一定の賛同を示している。その理由についてのふたりの見解は「達成感」で一致している。語りの後半でMさんは自分の足で四国を一周したという事実と、そこから汲み上げてきた感動と勇気、そして人間の力の可能性について触れている。

遍路道は一周が一三〇〇キロ程度と言われている。東京から直線距離をとると奄美大島やソウルに至るこの距離を歩いていくなんてことは不可能であると考えるのが私たちの「常識」であろう。だが、歩き遍路を結願《けちがん》した人びとはその不可能を覆した人たちなのである。それはたいへんな偉業のように思われる。だが振り返ってみればその偉業を達成したのは、自分の足を「一歩」踏み出すという誰にでも出来る小さなありふれた実践であった。ただし、そんな小さな実践を壮大な偉業に結びつけるには、気が遠くなるような膨大な積み重ねが必要であるが、それすらも彼らはすでに成し遂げたのである。ここにはマクロな次元とミクロな次元を往復することで、達成感が増幅されるという振り返りの回路が埋め込まれている。夫妻はこのようにして歩き遍路の体験から感動や勇気、達成感といった意味づけをくみ出し、「少しずつでも、積み重ねていけば何でもできる」という人生観へと高めている。その縮図ともいえるのが、室戸岬への道なのである。

「修行」で感得した世界観

歩き遍路を通して新たな人生観や世界観を獲得したという体験者は少なくない。同じ平成十九年（二〇〇七）の調査で出会った野村謙一さん（仮名）もそのひとりだ。野村さんは昭和五年（一九三〇）生まれ、岡山県出身で横浜市在住の元証券マンである。六十五歳の定年退職を契機として歩き遍路を行い、六回の区切り打ちと高野山参拝を含めて二年で結願となった。彼が一〇年前の遍路体験を振り返ってとりわけ印象深いと語るのも室戸や足摺を目指す遍路道である。一日に三

○キロを一○時間かけて歩いたそのとき、頭にあったのは「ただ、歩くだけ、目的に到達するだけ」であったという。

○海を見ますと、ずーっと、海岸の先のほうに今日行く先があるんですね（笑）。「えー、こんなところまで一日で歩けるの？」と思ったけれども。不思議なものですね。一歩一歩ですね。「人間の脚の力というのは、大変なものだな。ああいう遠いところへいけるんだな」という可能性ですね。本当に歩く力は大きい。本当に遥か向こう、霞がかかっているところへね。その日のうちに行くわけですから。

○人間の歩く一歩一歩がいつか終着点までね、自分を連れていってくれる。そういうことの確信ですよね。一歩一歩やれば必ず目的に到達できるという、一つの人生観ですかね。だから目標と、それに対する現実の一歩一歩は大切だと。それは確かに体得できましたね。

この体験から野村さんは、目標を見据えて一歩一歩を歩いていけば必ず目的を達することができるのだということを確信し、これを一つの人生観として体得したという。そんな気づきのなかで彼はある種の「高まり」をも経験したのだという。

○要するに自然との一体感、天と地と自分との一体感ですね。これを味わっている。私にとっては、これはひとつの宗教的体験だと思うんですね。ちょっと普通じゃ体験できませんのでね。
○海岸部をずーと歩いた印象ですよね。ぱっと頭に浮かんでね。ああ、これはーと思って。空、海、自分、こういったものが、本当に一体となっているなぁと。人間は自然の中に生まれてきたんだなと。山の中を歩いていてもそう思いますよ。緑、鳥の声、空気の清浄さ、そういうものを無心で聞きながら歩いている。もう歩くしかありません。一切の雑念はありません。そのなかから、体得できるものはありますしね。
○自分で歩くということが基本にあると思います。やはり苦労して、歩いている過程でね、「ああぁっ」と、感じられるものだと。私はそう思っています。
○宗教的アレはないんだけど、「修行」というのはありますよね。(種田)山頭火《さんとうか》が「人生遍路なり」といっておりますけど、山有り、川有り、谷有り、そういう中で苦労していく。自分自身の人格を磨くもの。これはやっぱり修行ですよね。
野村さん自身は「無宗教」を表明する。これは平成八年のアンケートでも十九年のインタビューでもかわらない。だが無心でひたすらに苦労してあるく経験を彼は「修行」と表現する。そしてその修行のなかで感得した「空と海と自己が一体となる感覚」、すなわち自己と自然との合一という世界観《コスモロジー》を、彼は彼にとっての宗教的体験と明言するのである。

ここでキーワードとして浮上したのが「修行」である。彼らの気づきの舞台となった室戸岬への遍路道をもう一度振り返ってみよう。

虚空の道の空間構造

先述したように、薬王寺から室戸岬への遍路道はほぼ全線が国道五十五号線の歩道を歩く。だがその景観は同じではなく、おおむね三区間にわけることができる。まず薬王寺のある美波《みなみ》町日和佐《ひわさ》から牟岐《むぎ》町内妻までは山沿いの道である。そして内妻で海岸にでて、ここから高知県東洋町甲浦《かんのうら》までは海岸とトンネルが連続する。かつて八坂八浜とよばれた区間であり、今日ではその「坂」に当たる部分をトンネルによって短絡しているわけだ（そして「牟岐町お接待の」会F氏の古道再生は、トンネルによって遺棄された峠道を再生するものであった）。さらに徳島県側の最後の集落である海陽町宍喰《ししくい》から水床トンネルを抜けると高知県東洋町甲浦である。二十二番（新野駅）から五〇キロあまりをほぼ併走してきた鉄道もここで終点となっており、ここから先は簡単には引き返せないと、覚悟を新たにさせられる。白浜、生見《いくみ》とサーフィンと海水浴で有名な海岸を経て、東洋町野根に至る。ここからはひとつのトンネルもない。完全なる海沿いの道であり、室戸岬が近づくにつれ、海と空の存在感が増してくるような空間構成になっている。

室戸岬らしきものが初めて確認できるのは、野根から程ない「伏越の鼻」である。薬王寺から約四五キロ、室戸岬まで約三〇キロの地点である。地図上では、室戸岬は単調なV字型

図23　『四国偏礼名所絵図』

の半島のように見える。だが、実際に歩いてみると、「鼻」や「崎」と呼ばれる小さな岬が連続しており、思いのほかに起伏に富む海岸線であることがわかる。前方に見える岬こそが目的地室戸だと思っていても、その先端を越えたとたんにまた、次の岬が顔を出すのだ。とりわけ室戸市佐喜浜町入木までは山と海が近接している。かつてこの区間は飛石・跳石、ゴロゴロ石といわれた道なき難所であった。図23は江戸期の文献にある飛石・跳石の様子である（『四国偏礼《へんろ》名所絵図』一八〇〇年〈寛政十二〉写。久保武雄複製、一九七二年）。手を引かれながら岩を渡る描写（下部中央）が印象的ではないか。遥か向こうに東寺（二十四番最御崎寺《ほつみさきじ》の通称）を望むこの磯を巡礼者たちは力を合わせて乗り越えていった。

室戸市佐喜浜町尾崎まで来ると室戸岬まで残すところ一五キロになる。だいたいの遍路はここで宿泊する。なぜなら、直前の宿泊地は二〇キロ手前、次の宿泊地は一二キロほど先と間

図24　御厨人窟

隔があくからである。翌朝、尾崎を朝七―八時頃に出発するとお昼前には二十四番最御崎に着く。私が泊った宿では、二十四番で昼食にするとよいと弁当が接待された。

やっとのことで到着した室戸岬で彼らが眼にするのは空海の修行場といわれる御厨人窟《みくろど》である。つまり、薬王寺から七五キロ、通常であれば三日かかるこの果てしない遍路道は、①「修行の道場」土佐に入ったことを実感させ、②飛石・跳石、ゴロゴロ石などのかつての巡礼者の難行・苦行の場を通過し、③空海の修行と悟りの舞台――いうまでもなく、それは四国遍路の精神性を下支えする「神話」である――にたどり着くという具合に、歴史的・文化的な「修行」のコンテクストが折り重なる道でもあったのだ。表面的には単調で空虚に見えながらも、その実、たいへん豊かなコンテクストが湛えられたこの道を、空海に悟りをもたらした「虚空《こくう》

図25　連続する岬，ゴロゴロ石

図26　室戸岬をめざしてひたすら歩く

蔵求聞持法《ぞうぐもんじほう》」から「虚空の道」と名づけてみたい*。

＊　虚空は「何もない」ことであるが、仏教ではあらゆるものを包容するという意味になる。虚空蔵求聞持法は、無限の智慧と慈悲を持つとされる虚空蔵菩薩の真言を百万回読誦する修行である。単調かつ小さな行為の反復が大きな悟りにつながるという構造は、歩き遍路に通ずるものがある。

修行と「悟り」の舞台として

さらにこの道筋には、次のような特徴があることも指摘できる。

①札所寺院が皆無
②単調な景観
③休息施設が少ない
④人家に乏しく、他者との交流の機会が少ない

歩き遍路にとって、札所は遍路行のペースメーカーである。しばしばいわれることだが、西国巡礼などに比べて四国遍路の札所は個性や存在感に乏しく、個々の寺院の記憶や印象は曖昧になりがちである。一方で、寺院名ではなく番号で呼ぶことも通例化しているように、巡礼者が強く意識するのが札所の数字である。札所のナンバーは順序と到達度を如実に示す。一番から出発した巡礼者が八番を終えたということは九番が次の目的地であり、かつ全体の一一分の一をクリアしたのだということを意味するわけだ。つまり、札所のナンバリングによって巡礼者は一つずつだが確実に目標をクリアしているのだという実感を

得るのである。特に一番から二十三番までは札所が比較的密集しており、通常の巡り方であれば一日に一度は札所を参拝する。その日の成果が確認できるわけである。だが室戸岬への道は丸一日歩いても札所に到着できない。ここにおいて、歩けども目標に到達しないという感覚のくるいがもたらされる。単調な景色はそのような堂々巡りの感覚に拍車をかけることになる。また休憩スポットの少なさや宿泊地の限定といったルート上の制約は、肉体的・精神的な疲労が未体験の領域へと入り込む契機となる。通常よりも距離を稼ぐ「強行軍」や一日でどれだけ歩けるのかという「限界への挑戦」への誘惑となり、（企てが成功するならば）達成感へと結実する。そして人家にも乏しく他者との交流が希薄（休憩スポットが少なく、距離が長いため巡礼のペースもまちまちになり、巡礼者同士の交流も希薄になりやすい）という条件は、巡礼者に孤独をもたらし、自ずと意識を自らの内面へと向かわしめることになる。つまり、室戸岬への遍路道を一般的に不人気なものとしている長距離、単調・退屈という特性は、黙々とひたすらに歩くこと、巡礼に専念・集中することを余儀なくし、自己の内面への深い没入へと方向づける舞台装置にもなりうるのだ。そして、「修行」は巡礼の魅力という観点からはネガティブな諸条件をポジティブに意味化する反転回路なのである。

もちろん、四国遍路は多様な世界である。どこでどのような気づきがもたらされるかは固定的に捉えられるものではないし、そもそも巡礼体験が人生観や世界観の獲得に必ずつながるわけではない。だが、ここで私が心ひかれた事例は、現代の四国遍路にそうした可能性――ある種の「悟り」といってよいだろう――が常に開かれていることを教えてくれるのではないだろうか。

宗教性・霊性のフロンティアへ

近年、巡礼への関心が世界的に高まっている。日本では特に四国遍路において「癒し」や「自分探し」を求める徒歩巡礼が増加し、注目されてきた。星野英紀は、現代の徒歩巡礼の特徴として、①伝統的な「信仰」を動機としない傾向（「脱信仰的告白」と呼びたい）と、だがその一方で②巡礼のプロセスにおいては宗教的境地に近い感覚を獲得するという二面性を指摘した（星野　二〇〇一）。またイアン・リーダーは、巡礼を一時的現象と解したヴィクター・ターナーらを批判し、当事者の人生を一変させる決定的な意識変容をしばしばもたらすことを pilgrimage as a way of life（生きかたとしての巡礼）の概念で指摘した（リーダー　二〇〇五）。これらは島薗進が「新霊性運動・文化（New Spiritual Movement/Culture）」（島薗　二〇〇七）と総括する現代の宗教性・霊性につながる重要な指摘である。

私が宗教学や文化人類学の講義を担当するようになって興味をひかれたことの一つが、宗教に対する学生の二面的な捉え方である。端的にいうと、①自らは（断固として）無宗教であるが、②宗教それ自体はとても大切なものであるという態度である。矛盾するようだが、「大切」だからこそ、宗教や信仰について確固たるものがない自分は宗教を軽々に語ってはならないのだというかたちで両者はつながるものともいえる。平成遍路ブームの主役たる現代的な歩き遍路の宗教的立ち位置も実はこれに著しく近いのではないか。星野が指摘した現代の四国遍路の二面性にいま一歩踏み込んでみたいという課題を携えて研究を進めるうちに、私はそう考えるようになった。

現代社会において宗教の衰退が実感されて久しい。四国遍路においても、信仰を直接の動機として表明しない人が大部分を占めるようになった。だが、われわれは興味や関心を失ったわけではない。むしろ潜在的な関心は、意識的・無意識的に関わらず、抱き続けているといえよう。それはふとした裂け目を通じて横溢する。「千の風になって」（秋川雅《あきかわまさ》史《ふみ》・歌、二〇〇六年）が二〇〇〇年代最後のミリオンセールスを記録し、映画『おくりびと』（滝田洋二郎・監督、二〇〇八年）がアカデミー賞（第八一回アカデミー賞外国語映画賞、第三二回日本アカデミー賞最優秀作品賞）を受賞し、小説『悼む人』（天童荒太《てんどうあらた》、二〇〇八年）が直木賞に選出される。昨今の宗教文化をめぐるこのような諸状況はその一例といえよう。本章でとりあげた平成遍路ブームや、より近年の聖地・巡礼ブームも軌を一にするものであることはいうまでもない。

私たちが模索する新しい宗教性――宗教という言葉に違和感があるなら、霊性でもスピリチュアルでもかまわない――要するに私たちが大切にしたいと考えている人間の力を超えたなにものかの領域。そういうものへの私たちのアクセスは従来の宗教観のオルタナティブなのであろうか、それともさらに古代的・神話的領域への原点回帰なのであろうか。あるいはその融合形態なのであろうか。個々人が経験したり到達したりしたものは、共有され、集合的な概念へと結晶するのであろうか。

こうしたことを考えるとき、四国遍路は宗教「性」を依然として保持していることは明白である。程度の差はあっても、杖、白衣《はくい》、菅笠、数珠《じゅず》といった装束や事物を身につけるのはなぜか。寺院や庵、あるいは路傍の石仏に祈りを捧げるのはなぜか。乗り物を拒否して歩いたり、ときに野宿や托鉢を試みたりすることが賞賛されるのはなぜか。そして、死や病苦の影を抱えた人や信仰の体現者（くわしくは浅川二〇〇八b・cを参照）を目の当たりにして、感動したり、心を惹きつけられたりするのはなぜなのか。これらはいずれも伝統的宗教の要素として数えられるものである。四国遍路ではそうした伝統的宗教性を、時に否定し（納経の否定や御詠歌《ごえいか》の省略など）、時に敬意を払う（接待への感謝や信仰の体現者への憧れなど）かたちで、手がかりにしつつ、新しい可能性を見いだそうという動きが起こっている。そうであるならば、文化人類学者のレヴィ＝ストロースが「ブリコラージユ」（レヴィ＝ストロース　一九七六）の概念で表したように、現代の巡礼者たちも既存の素材を組み合わせながら、その奥に新しい宗教性を見いだそうと眼を凝らし、歩みを繰り返しているのではないだろうか。そして、つまるところ、その新しい宗教性とはひとりひとりが風や水や太陽などの「自然」や、他の人間の動植物、あるいは魂や霊、カミ、ホトケといったもの（広い意味で「他者」とくくれるだろう）とどのようにつながっているのか、「世界」のなかでどのように位置づけられ、何をなしうる（なすべき）存在なのかを確認する作業だといえるだろう。巡礼を体験した人びとが語るそれぞれの人生観や世界観は、そうした次元に確かに触れることができたという証言なのである。

四国遍路が人びとの関心を引きつけてやまない、どこか気になる存在であるのは、そうしたポテンシャルを豊かにたたえた場であると考えられているからではないだろうか。本書を手にとったあなたは、いま、この瞬間も四国路をめぐる遍路がいることを、彼らが一歩ごとに新しい聖性を模索していることを、そしてその何倍もの人びとがそうした試みに憧憬を抱き続けていることを意識しているだろう。われわれはそこに期待しているのである。

四国遍路における不易と流行――エピローグ

いま私の手元に昭和三十一年（一九五六）に岩波書店から発行された『四国遍路』（岩波写真文庫　一七六）がある。B六判六四頁のハンディな写真集である。現代のきらびやかな各種写真集と違い、白黒写真ばかりの、地味で小型の写真集である。写真の数は大小合わせて二百数十枚が載っている。撮影したのは昭和三十年あるいはそれより少し前であろう。当時の四国遍路の様子を知るには大変貴重な写真集である。家中の位牌《いはい》を持参しながらの遍路、戦死者の写真を持つ遍路、「指圧の押し売りをする乞食遍路」とキャプションの付いた遍路、すし詰め状態の遍路宿風景、など興味深い写真が並んでいる。遍路の着衣や持ち物も今とはかなり違う。なかでも気づくことは車と遍路の関係を匂わすような写真が一葉もないことである。昭和三十年頃までは、遍路と車のつながりはなかったのである。

巡拝バスの始まりが一九五三年だから（早稲田大学文学部道空間研究会『現代社会と四国遍路道』）、この写真集撮影の頃はバス巡拝は一般化していなかったのであろう。すでに本文に何度も触れてきたが、車巡礼の導入は四国遍路にとっては大事件で、四国遍路の基本的性格を変えるような、おおごとであった。もちろん、交通手段の発達は、四国遍路に限らず、世界の巡礼のあり方を根本より変質させるようなインパクトを持つ。メッカ巡礼にも、飛行機の発達は大きな転機を与えたのである。

おそらく、岩波写真文庫『四国遍路』が出版された昭和三十年頃が、〝伝統的遍路〟時代の最晩年ではなかったかと思われる。その意味でもこの写真集は貴重である。

さて、では昭和三十年頃で終了した〝伝統的遍路〟時代の始まりはいつ頃になろうか。この点についてでは、本書でもたびたび論究してきたことではあるが、おおよそ戦国時代から江戸初期頃と推測される。

ところが、この戦国時代の前に、四国遍路は長い歴史を持っている。空海が八十八ヵ所の一部を修行して歩いた九世紀頃から室町時代までという、約七〇〇年ほどの歴史がある。この七〇〇年の間に、平安時代から鎌倉時代と、支配層が貴族から武士へと大きな変革を日本は遂げている。社会の変化が当時の四国遍路にも影響を与えていないはずはない。

しかし四国遍路が長い間、いわば地理的にも宗教的にも「中心的」というよりも「周辺的」な立ち位置にあったこともあって、四国遍路史を大きく捉えるとすると、八十八ヵ所が固定されてくる江戸時代以前の四国遍路は、大枠から一つの独立した時代として一括りにできるのでないかと思う。

そこで四国遍路約一二〇〇年の歴史を表3のように大づかみに把握できるのではないで

表3　四国遍路史の流れ

	近世以前	近世から昭和二十年代まで	昭和三十年代以降
目的	修行	修行、信仰（現世利益、先祖供養）、巡りを職業とする人びと、習俗としての四国遍路巡り	観光、信仰、修行、修養、健康志向
方法	歩き	歩き	車、歩き
巡りの組織	個人、少数の修行者グループ？	集団、個人	団体、家族、個人
遍路者の社会的地位	聖職者	聖職者、一般人（零細者層、女性、子供も目立つ）	聖職者、一般人（中産階級が中心）
遍路者の出身地		西日本中心	全国＋海外

あろうか。

いまの四国遍路は、その一二〇〇年の歴史上、もっとも社会から注目を浴びていると考えて差し支えない。その大きな理由は、社会階層の中核部分をなす中産階級が現在の四国遍路の主力だからである。四国遍路は西国《さいごく》三十三ヵ所観音巡礼とよく比較される。しかし三十三ヵ所の寺院は名の知れた寺院が多く、歴史的にも数多くの貴紳《きしん》から巡拝をうけた寺があまたある。それゆえ記録にも残っている。それに比べて四国遍路は仏教史上から見れば無名の寺院がほとんどである。いわば「全国区」ではない。それゆえ文化財的にも日本仏教美術上に目立つものはきわめて少ない。そして「四国遍路の思想」の章で指摘した通り、江戸時代以降の庶民巡礼の段階になっても、零細民や病人、ひ弱な女子や子供の巡礼者が他の巡礼よりも目立つ（新城常三　一九八二）。西国では札所《ふだしよ》は「次は長谷寺」とか「清水寺に参る」と寺の名前で呼ぶのであるが、四国遍路では「次は何番札所」というように、寺名ではなく札所番号でアイデンティファイされる（「四国遍路の現代的風景」の章）。つまり、寺の個別性が薄いのである。ありていにいえば、歴史上有名寺院ではないのである。

しかし、いまや四国遍路を巡る社会階層は中産階級である。社会の中核階層がこれほど四国遍路を巡ったことはいままでにないことである。西国観音巡礼が巡礼としては往昔の姿を失いがちであるのに対し、四国遍路はますます上昇中である（「四国遍路の接待文化」の章）。

こうした新しい要素が加わっていくという事情もあり、四国遍路はどんどん変化しているように思われている。確かに表3を一見したところでは三段階に分けた一二〇〇年の歴史は新しい要素が加わった変化の側面にまず気がつくかもしれない。

しかしよく見ると、〈目的〉では三つの歴史的位相には常に「修行性」が尊ばれている。〈方法〉では、その意味づけなどは大きく変わっているが「歩くこと」が評価されている。〈巡りの組織〉では「個人」は常に四国遍路の基本であった。〈遍路者の社会的地位〉では聖職者の修行の場としての四国遍路の性格はいつの時代も生きている。空海伝説に溢れる四国遍路ではあるが、禅僧の修行場として尊重されてきたことはよく知られている。

松尾芭蕉《まつおばしょう》は俳句の世界の基本的構造として不易《ふえき》と流行《りゅうこう》を説いた。俳句の十七文字や季語の使用は不易である、つまり変わらぬ構造である。しかし、それを基本に常に新しい句材や表現を求めていかないと俳句はすぐに陳腐なものとなってしまう、それが流行である。俳句の生き生きとした姿は、流行と不易が相互に作用し合い統合的な一体を作るところに存するというのが芭蕉の主張と言っていいであろう。

芭蕉の不易・流行の俳句論にならって、ここで四国遍路を論ずるならば、四国遍路には一二〇〇年を通しての不易的特徴もあれば、いつの時代でも新しい要素が取り入れられるという流行の面がある。その歴史を大きな流れとして鳥瞰的に見るならば、不易と流行が無理なく融合して進化していることが、四国遍路の特徴であるということもできるのではなかろうか。

さて、かりに四国遍路の不易・流行の融合説を是とすることができるとするならば、四国遍路でなぜそういうことが起きうるのか、ということが問題として残る。

それはかねてからいわれている表現を用いれば、四国遍路の庶民性という点である。本論のコンテキストでいえば、先に述べたような四国遍路の歴史を貫いていた「周辺性」ではなかろうか。開創伝説も空海《くうかい》説をはじめどれといって史実的に確実なものは一つもない。宗教の権威構造の代表的なものは「聖性」の階層性を規定する聖職者組織であろうが、空海の果たした役割が曖昧不明確なものを、教団としては教理、儀礼、教団史の中心にしっかりと据え付けることはできない。八十八ヵ所の寺の所属宗派が真言宗だけでなく、さらにそれが一二〇〇キロ、一三〇〇キロといわれる広大な空間に散在しているので、八十八の札所の有効な組織化がきわめて困難である。また江戸時代以降、四国遍路を支えてきた人びとには、寺院に止住するような正規僧ではなく、いわば半僧半俗の人びとが目立っている。これも本書で何度か指摘してきた。

つまり強固な組織作りを通して権威構造を作り上げるような基盤が、四国遍路には構造的にないといっても差し支えない。つねに社会の変化すなわち流行にきわめて敏感である。もちろんそれは四国遍路の弱みにもつながっていくのであり、幕末から明治維新、太平洋戦争の前後などは遍路者数が極端に落ち込むという現象も生むのである。

四国遍路の強みと弱みはともにその構造的な特徴にあると考えられる。それが四国遍路の魅力となっていることもまた確かではなかろうか。

あとがき

私自身のことを翻ってみるならば、巡礼研究、四国遍路研究を始めてすでに三〇年以上が経過している。当初は四国遍路を巡る人の数もまだまだ少なく、四国遍路研究も決して盛んではなかった。当時の巡礼研究は史学や国文学方面の研究者が主流であったから、史料の少ない四国遍路は研究対象として扱いにくかったのではなかろうか。

本書の執筆者は、ともに宗教学や社会学、人類学的視点から四国遍路を研究しようとしたことが基本的立場であるが、そうした研究の嚆矢《こうし》は前田卓《まえだたかし》『巡礼の社会学』（ミネルヴァ書房、一九七一年）であろう。時をほぼ同じくして、欧米でもヴィクター・ターナーら人類学者を中心に巡礼研究が盛んになった。ターナーもその著作のなかで、欧米における社会科学者たちによる巡礼研究の貧弱さを嘆いている。

その後、徐々に、幅広い分野からの巡礼研究や四国遍路研究が日本でも次第に蓄積され始めた。しかし広い空間を移動する巡礼という宗教儀礼はある意味では捉えどころがなく、いまでも研究者を悩ませるところである。巡礼者は、歩きにせよ乗り物を利用するにせよ、つねに動いているわけで、儀礼の仕組みとか構造とかを捉えようとしてもなかなか適切な方法が見つかりにくいのである。ある歩き遍路の研究者は、歩き続ける遍路と一緒に歩きながら話を聞き続けるというインタビュー方式を取ったりしていた。調査方法としてはなかなか辛いところがある。つまりメモを取るというような方法が使いにくい。そして、なによりも歩き遍路は歩くことに集中しているので、そのなかで研究者があれこれインタビューすることを好まない人も多い。うるさがられるのである。遍路の立場になってみればその気持ちもよくわかる。こうしたさまざまな困難のある調査対象であるが、四国遍路研究も次第に蓄積がなされてきたことはまことに頼もしい限りである。

本書執筆のきっかけは、実はいまから一〇年以上も前のことである。編集部から、一般教養書という形で四国遍路についての書物を書かないかとお誘いをいただいた。その企画には大いに食指を伸ばしたのであるが、当時、私は学長補佐として大学の執行部に関与していた。意欲はあれど集中した時間がとれずなかなかはかどらない日々が続いた。そののち平成十五年暮れには図らずも大正大学学長に選任され、その後三年半近く全くこの書物を進めることができなかった。

学長任期を満了したあと、大学院長を務めることになった。それらを全てを終えたところで、念のため編集者に「あの企画はまだ生きているのですか」と声を潜めて聞いたところ、まだ「生きています」という返事だった。そこで、最近の四国遍路を精力的に研究している若手の浅川泰宏氏を誘い込んで共著という形で本書執筆に取りかかったという次第である。しかしこの再出発も思いのほか時間をとることになった。教育への比重が高まっている現在の大学のなかで、予定通りには原稿が進まなかった。しかし辛抱強い編集者の理解があってどうやら一冊の本にまとまることができた。

本書は、プロローグ・「四国遍路の思想」「四国遍路の人びと」・エピローグの章については、星野英紀が執筆を行い、「四国遍路の接待文化」「四国遍路の現代的風景」の章は、浅川氏が執筆した。

最初の執筆お誘いから長い時間が経過している。ご迷惑をお掛けしているにもかかわらずその間お待ちいただいた吉川弘文館の一寸木紀夫氏にはただただお詫びと御礼を申し上げるのみである。

二〇一一年一月

星　野　英　紀

参考文献

史料

阿南市史編纂委員会編『阿南市史　第二巻　近世編』（阿南市、一九九五年）
荒木繁・山本吉左右編注『説教節』（平凡社、一九七三年）
北原白秋『日本伝承童謡集成』［改訂新版］第一巻子守唄編（三省堂、一九七四年。初版は一九四七年）
高知県警察史編纂委員会編『高知県警察史　第一巻　明治・大正編』（高知県警察本部、一九七五年）
高知県立図書館編『憲章簿』全七巻（高知県立図書館、一九八二〜八六年）
佐佐木信綱校訂『梁塵秘抄』［新訂版］岩波書店、一九四一年（一九三三年）
徳島県警察史編纂委員会編『徳島県警察史』（徳島県警察本部、一九六五年）
松浦武四郎『四国遍路道中雑誌』（一八四四年。吉田武三編『松浦武四郎紀行集　中』冨山房、一九七五年に収録）
和歌山県史編さん委員会編『和歌山県史　近世資料2』（和歌山県、一九八〇年、『小梅日記』を収録）

参考図書・論文

青木　保「現代巡礼論の試み」（『境界の時間』岩波書店、一九八五年）
浅川泰宏「創出される表象空間—遍路道再生運動の事例から」（『哲学』第一一九集、三田哲学会、二〇

○八年a)
浅川泰宏『巡礼の文化人類学的研究—四国遍路の接待文化』(古今書院、二〇〇八年b)
浅川泰宏「四国遍路のツーリズム化と観光概念のポジション—「観光」が逆照射する「信仰」—」(『駒澤大学 文化』第二十六号、駒澤大学文学部文化学教室、二〇〇八年c)
アルヴァックス、モーリス『集合的記憶』(小関藤一郎訳、行路社、一九八九年)
愛媛県生涯学習センター編『四国遍路のあゆみ』(愛媛県、二〇〇一年)
愛媛県生涯学習センター編『遍路のこころ』(愛媛県、二〇〇三年)
大野正義『これがほんまの四国遍路』〈講談社新書〉(講談社、二〇〇七年)
長田攻一、坂田正顕、関三雄編『現代の四国遍路—道の社会学の視点から—』(学文社、二〇〇三年)
小野芳朗『〈清潔〉の近代』(講談社、一九九七年)
河合眞澄「近世演劇にみる四国遍路」(四国遍路と世界の巡礼研究会編『四国遍路と世界の巡礼』法蔵館、二〇〇七年)
ギアツ、クリフォード『文化の解釈学』I・II(吉田禎吾他訳、岩波書店、一九八七年)
北川宗忠『観光入門』(近代文芸社、一九九三年)
喜代吉榮徳『へんろ人列伝』(海王舎、一九九九年)
喜代吉榮徳『四国辺路研究』第二一号(海王舎、二〇〇三年)
近藤喜博『四国遍路研究』(三弥井書店、一九八二年)
佐藤久光『遍路と巡礼の社会学』(人文書院、二〇〇四年)

白石さや「どこから？どこへ？　遍路札所を結ぶアジア・太平洋の高等教育ネットワーク構築」（『アジア研究』五四―四、二〇〇八年）
島薗　進『スピリチュアリティの興隆―新霊性文化とその周辺』（岩波書店、二〇〇七年）
島　浪男『四国遍路』（宝文館、一九三〇年）
新城常三『新稿　社寺参詣の社会経済史的研究』（塙書房、一九八二年）
真野俊和『旅のなかの宗教』（日本放送出版協会、一九八〇年）
瀬戸内寂聴「はるかなり巡礼の道」（雑誌『太陽』二一四号、一九八〇年、のち『寂聴巡礼』［改訂版］〈集英社文庫〉集英社、二〇〇三年にも収録）
高群逸枝「巡礼行」（『高群逸枝全集』第九巻所収）、理論社、一九六六年。
高群逸枝『娘巡礼記』（朝日新聞社、一九七九年。二〇〇四年に岩波文庫にも収録）
高群逸枝『お遍路』（厚生閣、一九三八年。一九八七年に中公文庫にも収録）
武田　明『巡礼の民俗』（岩崎美術社、一九六九年）
辰濃和男『四国遍路』〈岩波新書〉（岩波書店、二〇〇一年）
鶴村松一『四国遍路　二百八十回中務茂兵衛義教』（松山郷土史文学研究会、一九七八年）
徳島県編『四国いやしのみちづくり　指針・提言集』（徳島県、二〇〇一年）
徳島県編『いやし通信』ｖｏｌ・３（徳島県商工労働部交流推進局交流企画課、二〇〇四年）
中島岳志「アイデンティティのゆらぎと宗教的視座の可能性」（雑誌『アンジャリ』一六号、親鸞センター、二〇〇八年）

中山和久『巡礼・遍路がわかる事典』（日本実業出版社、二〇〇四年）
早坂　暁「日本の〝心調〟」（雑誌『太陽』二〇〇〇年八月号・特集遍路の旅）
坂東眞砂子『死国』〈角川文庫〉（角川書店、一九九六年）
平尾道雄『近世社会史考』（高知市立図書館、一九六二年）
ファン＝ヘネップ、アーノルド『通過儀礼』（綾部恒雄・綾部裕子訳、弘文堂、一九九五年）
ベネディクト、アンダーソン『定本　想像の共同体』（白石さや・白石隆訳、書籍工房早山、二〇〇七年）
星野英紀『四国遍路の宗教学的研究―その構造と近現代の展開―』（法蔵館、二〇〇一年）
前田　卓『巡礼の社会学』（ミネルヴァ書房、一九七一年）
宮尾しげを（重男）『画と文　四国遍路』（鶴書房、一九四三年）
三宅一志『差別者のボクに捧げる！』（晩聲社、一九七八年）
宮崎建樹『四国遍路ひとり歩き同行二人（第六版）』（へんろみち保存協力会、二〇〇四年）
宮本常一『山に生きる人びと』（未来社、一九六四年）
村上　護『遍路まんだら』（佼成出版、一九八四年）
モース、マルセル『贈与論』〈ちくま学芸文庫〉（吉田禎吾・江川純一訳、筑摩書房、二〇〇九年）
森　正人『四国遍路の近現代』（創元社、二〇〇五年）
森本哲郎・廣末保「対談　ぼくらはなぜ旅に出るのか」（『理想』一九七六年十一月号、理想社、一九七六年）

山折哲雄『宗教民俗誌』（人文書院、一九八四年）
頼富本宏・白木利幸『四国遍路の研究』（国際日本文化研究センター、二〇〇一年）
レヴィ＝ストロース、クロード『野生の思考』（大橋保夫訳、みすず書房、一九七六年）
早稲田大学道空間研究所編『一〇年後の遍路たち―一九九六年遍路調査対象者への追跡インタビュー調査―』（早稲田大学道空間研究所、二〇〇七年）
Reader, Ian "Making Pilgrimage" Hawaii University 2005

著者紹介

星野英紀

一九四三年、東京都に生まれる
一九七三年、大正大学大学院文学研究科宗教学博士課程満期退学
二〇〇〇年、文学博士
現在、大正大学文学部教授

主要著書
四国遍路の宗教学的研究　巡礼—聖と俗の現象学—　宗教学事典（編著）

浅川泰宏

一九七三年、徳島県に生まれる
二〇〇三年、慶應義塾大学大学院社会学研究科後期博士課程単位取得退学
二〇〇六年、博士（社会学）取得
現在、埼玉県立大学保健医療福祉学部専任講師

主要著書
巡礼の文化人類学的研究　四国遍路文化論

歴史文化ライブラリー
318

四国遍路
さまざまな祈りの世界

二〇一一年（平成二十三）四月一日　第一刷発行

著　者　星《ほし》野《の》英《えい》紀《き》
　　　　浅《あさ》川《かわ》泰《やす》宏《ひろ》

発行者　前田求恭

発行所　株式会社 吉川弘文館
東京都文京区本郷七丁目二番八号
郵便番号一一三—〇〇三三
電話〇三—三八一三—九一五一〈代表〉
振替口座〇〇一〇〇—五—二四四
http://www.yoshikawa-k.co.jp/

印刷＝株式会社 平文社
製本＝ナショナル製本協同組合
装幀＝清水良洋・黒瀬章夫

歴史文化ライブラリー

1996.10

刊行のことば

現今の日本および国際社会は、さまざまな面で大変動の時代を迎えておりますが、近づきつつある二十一世紀は人類史の到達点として、物質的な繁栄のみならず文化や自然・社会環境を謳歌できる平和な社会でなければなりません。しかしながら高度成長・技術革新にともなう急激な変貌は「自己本位な刹那主義」の風潮を生みだし、先人が築いてきた歴史や文化に学ぶ余裕もなく、いまだ明るい人類の将来が展望できていないようにも見えます。このような状況を踏まえ、よりよい二十一世紀社会を築くために、人類誕生から現在に至る「人類の遺産・教訓」としてのあらゆる分野の歴史と文化を「歴史文化ライブラリー」として刊行することといたしました。

小社は、安政四年（一八五七）の創業以来、一貫して歴史学を中心とした専門出版社として書籍を刊行しつづけてまいりました。その経験を生かし、学問成果にもとづいた本叢書を刊行し社会的要請に応えて行きたいと考えております。

現代は、マスメディアが発達した高度情報化社会といわれますが、私どもはあくまでも活字を主体とした出版こそ、ものの本質を考える基礎と信じ、本叢書をとおして社会に訴えてまいりたいと思います。これから生まれでる一冊一冊が、それぞれの読者を知的冒険の旅へと誘い、希望に満ちた人類の未来を構築する糧となれば幸いです。

吉川弘文館

〈オンデマンド版〉
四国遍路
さまざまな祈りの世界

On Demand
歴史文化ライブラリー
318

2021年（令和3）10月1日　発行

著　者　星野英紀《ほしのえいき》・浅川泰宏《あさかわやすひろ》
発行者　吉　川　道　郎
発行所　株式会社　吉川弘文館
〒113-0033　東京都文京区本郷7丁目2番8号
TEL　03-3813-9151〈代表〉
URL　http://www.yoshikawa-k.co.jp/

印刷・製本　大日本印刷株式会社
装　幀　清水良洋・宮崎萌美

星野英紀（1943～）
浅川泰宏（1973～）

ISBN978-4-642-75718-8